Un voyage de mille li commence par un pas.

Laozi

Légendes de José Frèches

Textes de Anne Loussouarn,
Catherine Zittoun, Zao Wou-ki, Dai Sijie,
Jean Leclerc du Sablon, José Frèches

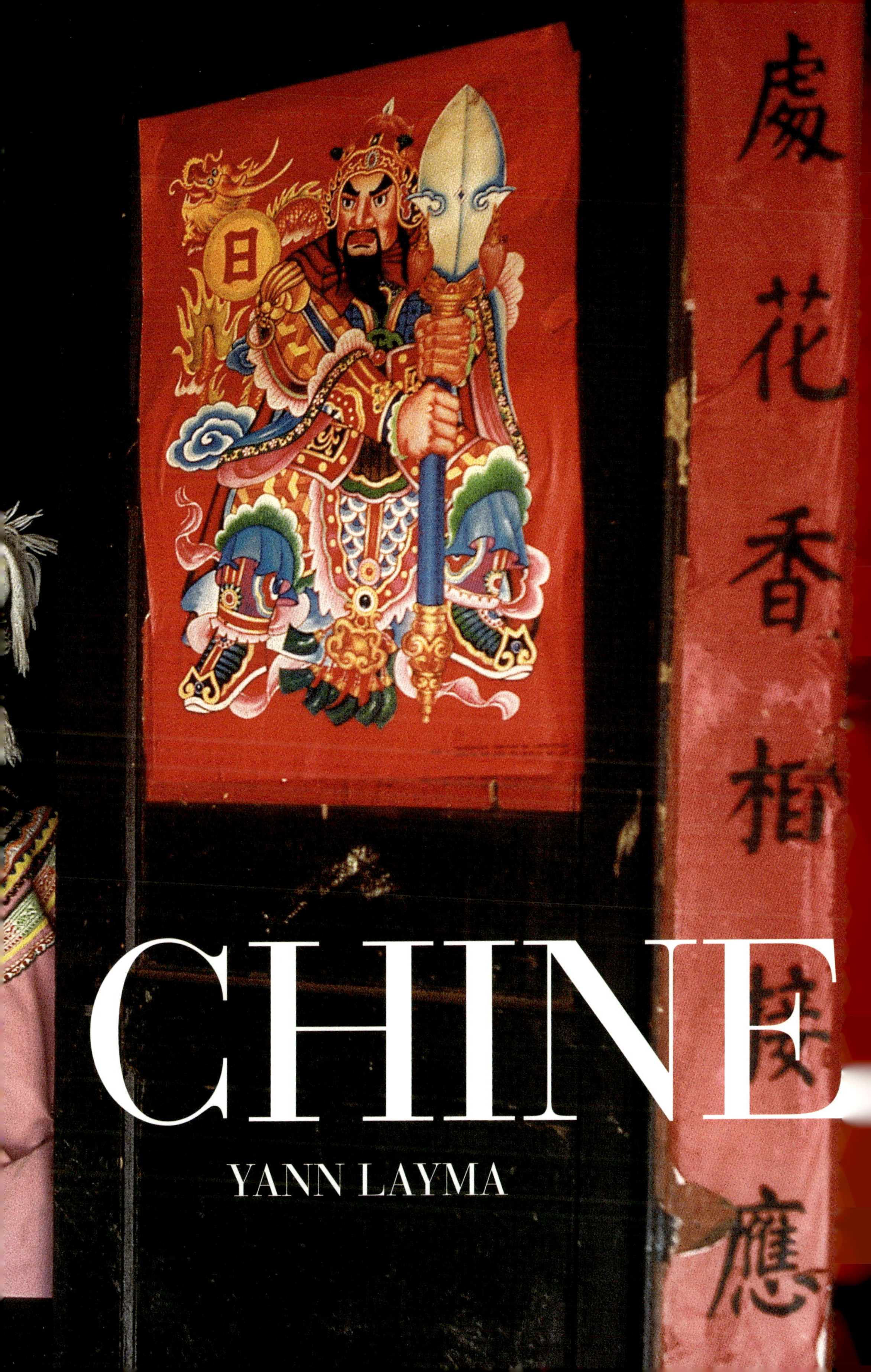

CHINE

YANN LAYMA

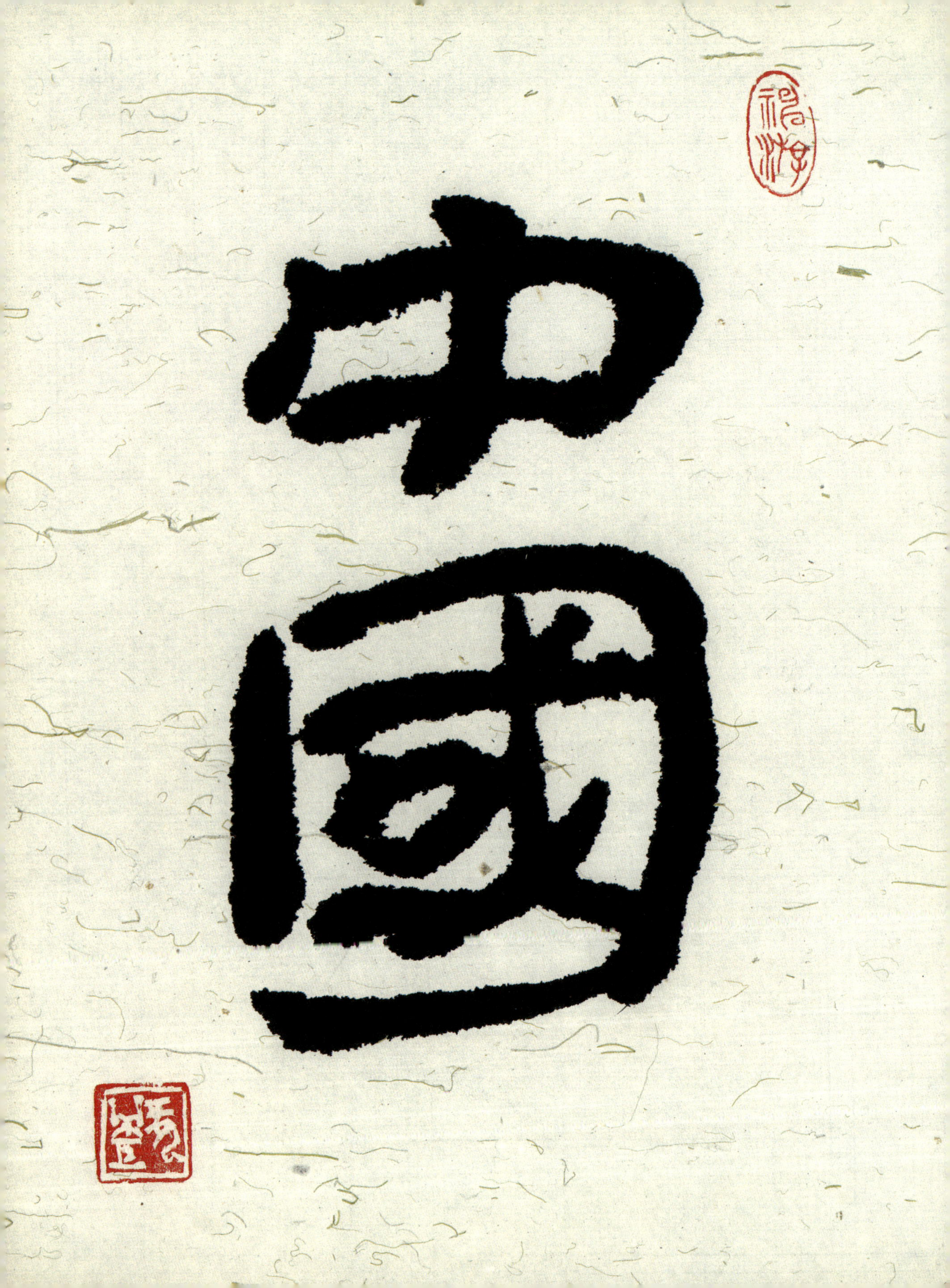
中國

INVITATION AU VOYAGE

Quand en 1979 la Chine ouvrait soudain ses portes au monde, aux premiers visas de découverte individuelle, j'ai reçu comme un appel, l'éclair d'une vocation, un devoir évident de m'ouvrir à l'autre, là-bas, et de plonger volontiers corps et âme vers l'immensité de ce grand pôle de la culture humaine, ce quart de l'humanité. À seize ans, j'ai décidé de vivre autrement, de donner naïvement ma vie pour tenter de pouvoir dessiner lentement, un jour lointain, ce portrait du Géant. Adolescent insouciant, je n'avais pour outil que la forte ambition d'un objectif improbable, mon jeune regard, mes émotions et surtout mon ignorance, avec en face la solitude, la peur et les difficultés de ce monde alors si fermé où tout m'était inconnu.

Vingt-cinq ans plus tard, je n'ai que de beaux souvenirs et aucun regret. Je n'aurais jamais imaginé que cette décision de jeunesse m'emmènerait si loin, au-delà de ma propre vie, après tant de voyages aux quatre coins de « l'Empire du Milieu » pour finalement découvrir l'amour d'une autre culture et me fondre peu à peu dans un paysage, une sorte de métissage. J'ai toujours eu une boulimie de livres d'images en couleurs, pour apprendre, sans interprétations. J'ai privilégié ma propre expérience souvent trop sensible au fil des hauts et des bas, hésitante, fragile, en tenant à distance les rapports écrits occidentaux et chinois pour que mon regard sur place puisse vivre librement, m'émerveiller, apprendre la langue, un autre mode de pensée et partager l'ébullition passionnante des grandes évolutions de la Chine contemporaine, loin des actualités, loin des styles photographiques. J'ai fait confiance au temps, au travail, aux voyages pour voir et revoir, découvrir encore en appuyant le plus souvent possible sur le bouton de mes appareils photo.

Au fil des années, j'ai appris à aimer la Chine pour un milliard et demi de bonnes raisons. J'ai appris à aimer apprendre, à observer, à admirer cette grande culture, plus que jamais vivante. Je ne m'y suis jamais senti menacé, ni pour ma personne, ni pour mes biens. Je n'y ai jamais attrapé de maladies. La route a été bonne et les sources nombreuses. J'ai aimé rencontrer si souvent cette ambiance débonnaire, si particulière, si accueillante, souriante, rieuse, toujours prête à partager la belle émotion d'une découverte mutuelle, dans le respect des cultures. Ma passion de découvrir ce monde chinois est restée intacte. Elle m'a profondément transformé, bouleversant mon cœur, dévoilant en moi tant d'horizons insoupçonnés, portant un autre nom : Yan Lei – « les foudres du guerrier des portes de l'enfer », un nom impossible, si iconoclaste qu'il provoque toujours depuis vingt ans l'hilarité de mes amis chinois.

J'ai appris que si photographier signifie en Occident écrire avec les lumières, en chinois, il faut capturer les ombres ou faire surgir l'éclat de la lumière et chercher la ressemblance. J'ai dû rater quelques centaines de milliers de photographies pour réunir, avec mes proches amis, ces instants raisonnés qui témoignent au mieux de ce merveilleux voyage initiatique, ce rêve de jeunesse, cette quête visuelle en un pays où se rejoignent si souvent, tendrement, la vérité et la beauté. Cette sélection d'images m'apporte aujourd'hui le grand plaisir de pouvoir vous offrir le fruit d'une passion, un portrait du Dragon éternel, une émotion profonde qui continue de guider mes rêves. C'est ainsi que je reviens pour vous souhaiter un agréable voyage.

Yann Layma

福

UN TIGRE, DES PAPILLONS ET LE DRAGON

Le voyage d'arrache-pied et d'arrache-cœur. Pour Yann Layma, le voyage est une nécessité vitale. La photographie en sera son instrument, son catalyseur d'émotions, la baguette magique qui saisit les jonques en plein vol et les rizières en plein feu.

Comment un jeune Tourangeau rencontre-t-il la Chine à la fin des années 1970 ? Le voyage commence par le chemin des écoliers, un filet de chasseur de papillons à la main. Pendant huit ans, chaque week-end, Yann parcourt tous les biotopes de l'Hexagone avec Paul Berger, prêtre de son état et entomologiste fervent. Il lui enseigne la « chasse subtile » des histoires de la nature, la patience et la passion d'observer et d'apprendre. En 1979, des milliers de superbes spécimens exotiques collectés dans les jungles mexicaines lui sont confisqués par un douanier américain. La passion est brutalement assassinée. Il renonce à ces chasses de couleurs ailées. Mais le regard de l'entomologiste de 16 ans marquera le futur photographe : une patience obstinée à se faire oublier, la quête d'instants de beauté aussi furtifs que des coups d'ailes, un œil pour des lumières soudaines qui ressuscitent des danses de coléoptères... Prendre une photo, pour Yann, c'est un peu attraper au vol une tache de couleur, une lumière, un regard, un instant de vérité subreptice.

1979, c'est aussi la sortie du premier numéro du magazine *Géo*. Comme un déclic, tout se met en place : la passion du voyage, de l'image et de l'observation. Après avoir rêvé dans son enfance sur un planisphère de quatre mètres dans sa chambre de corsaire, il décide que la photo deviendra sa nouvelle chasse, inoffensive. À l'époque, la Chine entrebâille des frontières fermées depuis trente ans et délivre au compte-gouttes les premiers visas individuels. Deng Xiaoping, le « petit timonier », lance les réformes économiques qui vont, au cours des vingt ans à venir, sortir le pays de la pauvreté générale. Dans le sud de la Chine sont créées les zones économiques spéciales pour tester un embryon d'économie de marché. La décollectivisation révolutionne la vie des paysans, qui peuvent gérer leurs terres eux-mêmes. Les premiers marchés libres apparaissent... Le pays entame une métamorphose qui ne fera que s'accélérer.

Du pays de Mao, les Occidentaux ne connaissent que la propagande de la Révolution culturelle. La tristement célèbre Bande des Quatre menée par Jiang Qing, la femme de Mao, vient juste d'être arrêtée trois ans plus tôt. Yann n'a pas été « ML » – marxiste-léniniste dans le jargon militant – ni maoïste. Il n'a pas vu *La Chinoise* de Jean-Luc Godard, ni même ouvert un « Petit Livre rouge ». Mais la Chine l'attire soudain. C'est l'inconnu total à découvrir dans un pari fou : il veut devenir un spécialiste, dédier sa vie à faire le portrait de ce pays géant sans *a priori* politiques. Le pays fait rêver ou fait peur, suscite une imagerie souvent loin de la réalité. « Du point de vue occidental, la Chine est tout simplement l'autre pôle de l'expérience humaine » résume le sinologue Simon Leys.

Le pays n'a pas encore livré aux regards des photographes étrangers ses rizières dessinant des montagnes, ses villes spartiates, ses brumes laiteuses, ses trésors millénaires. L'Occidental est suspect, sa curiosité dérangeante. Il doit, quant à lui, apprendre à se comporter devant cet autre monde. Pour s'y frotter, mieux vaut s'apprêter à oublier clichés et certitudes. Accepter son ignorance et s'atteler à l'adage confucéen : « apprendre est la clé du problème ».

L'initiation du futur photographe sinisant passe par l'European Business School et l'Institut des langues et civilisations orientales où, dès le premier cours, les élèves apprennent avec des grands gestes de la main les quatre tons du mandarin en répétant « la Chine est très grande ». C'est une période charnière à l'aube des années 1980, entre les grands frères soixante-huitards et les yuppies qui fourbissent les armes de leur fortune prochaine. Yann se découvre hybride entre deux cultures. Le baba cool barbu aux cheveux longs et aux baskets trouées en tunique indienne détonne à l'école de commerce. Ces formations complémentaires lui permettront de mieux vivre sa passion en toute liberté.

« Un ami, c'est une route,
un ennemi c'est un mur. »
Proverbe populaire

Novembre 1982, Taïwan.

J'en avais rêvé, le monde chinois est là. Je vois avec excitation les premières lueurs bleues du port taïwanais de Keelung grossir à vue d'œil. Après 48 heures de voyage sur le ferry venant du Japon où je viens de terminer mes premiers reportages, l'impatience monte. Il fait nuit noire, mais la touffeur de l'air, les imprécations en chinois excitent déjà mon imagination... En posant le pied à terre, j'ai le sentiment que ma vie bascule... J'ai un peu le vertige de ces grands tournants du destin. Comme la plupart des étudiants de Langues'O, je préfère aborder le monde chinois par cette île plutôt que par la Chine continentale. Les conditions de logement estudiantines et la pesanteur politique en « Chine pop » effraient.

Selon le rituel d'usage, Petit Aigle, mon logeur, me baptise solennellement d'un nom chinois : Yan Lei. Il s'est inspiré du nom du guerrier protecteur des portes de l'Enfer, Yan Louwang. « Lei », c'est la foudre, les éclairs en chinois. C'est un peu comme si on m'appelait en français « les foudres du guerrier des portes de l'Enfer ». Un patronyme taquin, décalé, qui déclenche toujours l'hilarité de mes amis chinois.

Je découvre avec bonheur le musée de Taipei : cinq millénaires de trésors enfouis dans un musée-bunker sous une montagne. Peintures de toutes les dynasties, sculptures, jades somptueux, porcelaines, laques, bronzes, miniatures impériales... qui ont pendant des siècles été la jouissance exclusive des « fils du ciel » dans la Cité interdite et des nobles dans leurs palais provinciaux. Prises dans les tourmentes de l'histoire des années 1930 et 1940, ces fragiles merveilles furent dérobées par Tchang Kaï-chek et ballottées pendant plus de deux décennies au gré des offensives et des déroutes militaires du parti nationaliste. Les richesses de ce musée sont telles que douze années seraient nécessaires pour exposer chacune des collections pendant trois mois ! Chaque week-end, je déambule des journées entières en contemplation devant la quintessence de l'art chinois et passe des heures, les larmes aux yeux, dans une pièce noire dédiée à un tableau unique du début de la dynastie Ming. La peinture, intitulée « En écoutant le vent dans les aiguilles de pins », représente un sage en méditation. Chaque peinture est une poésie qui m'invite dans une autre dimension culturelle.

Par l'errance, j'aime explorer la sérénité des parcs au petit matin, où chacun semble s'envoler vers une paix intérieure en se livrant à ses exercices favoris. Les représentations d'opéra de Pékin rythment également mon quotidien. Cet art extrêmement codifié plonge le spectateur dans un monde de légendes, de héros sublimes, de jeunes filles éplorées, de vieilles rombières calculatrices, de clowns ou de singes habités de la douce folie de la sagesse... Chaque coup de gong enfonce un peu plus en moi la certitude que ma découverte de la Chine doit me mener sur le continent.

Taïwan c'est aussi la pluie, la pluie et encore la pluie. Un concert de gouttes : du susurrement des bruines, au claquement des tempêtes, jusqu'aux hurlements furieux des typhons. Je me dissous dans l'humidité ambiante, moral en berne, appareil photo au placard... Un an de pluies, de photos pour rien... Pour payer mes études, j'enseigne l'anglais et l'espagnol. De passage à Hong Kong, je passe des heures sur les collines du poste frontière de Lowu à regarder derrière le rideau de bambous. Il me tarde de plonger en moto dans l'immensité chinoise. Le pays me fascine, devient une obsession. En attendant, je ne peux qu'observer de loin ce petit village de pêcheurs de 20 000 âmes, Shenzhen, se hérisser de drapeaux rouges et de grues. Vingt ans plus tard, le village est devenu une mégalopole sauvage de cinq millions d'habitants. Après neuf mois de pluies incessantes, je décide de quitter Taïwan en apprenant que la saison des pluies va commencer. Je suis prêt à partir en terre communiste.

1984, année du Rat de Bois. Le parti communiste officialise l'appellation idéologiquement acrobatique d'« économie socialiste de marché ». Pour Yann, le coup de pouce du destin vient de l'Élysée. Ces deux années s'écoulent loin de Pékin... sous les lambris élyséens. François Mitterrand accepte en effet le projet du photographe : documenter la vie quotidienne de la présidence pendant une année. Yann se fait conseiller par les plus grands – Marc Riboud, Raymond Depardon, Yann Arthus-Bertrand, Raghubir Singh – sur le cadrage, les lumières, le mouvement, l'ambiance de ses photos qui dévoilent les coulisses du palais : de l'abri antiatomique au processus de mise à feu nucléaire, des greniers aux appartements privés, en passant par les services de table... Le reportage est une première : vingt pages dans *Paris Match*, *Géo*, allemand et français, *Sunday Times*... Pendant ce temps, la Chine poursuit son inexorable métamorphose. Deng Xiaoping est sacré « homme de l'année » par le magazine *Time* en 1985.

Les premières journées de Yann à Canton et Pékin, cette année-là, sont des moments d'émotion intense. Il apprend à prendre son temps. À se perdre à vélo dans des venelles enneigées, se fondre dans les brumes matinales des parcs, observer les gestes lents et ronds des adeptes du taiji, la balade des vieux qui promènent leurs oiseaux en cage, à manger des brochettes de mouton en tapant du pied dans le froid... Le jeune photographe loge au dix-septième étage de l'hôtel de Pékin, avec vue sur la Cité interdite et la place Tian Anmen. Le hasard lui attribue un prestigieux voisin : Joris Ivens, le célèbre documentariste hollandais. À près de 90 ans, le cinéaste mythique prépare son dernier film, *Une histoire de vent*, avec sa femme Marceline Loridan. Une quête poétique qui le mène dans le désert de Gobi à la recherche d'un vent légendaire qui balaie l'histoire et ses secrets. Il avait filmé les spasmes communistes du siècle avec lyrisme et passion partisane : en Chine, il avait ainsi suivi la lutte contre les Japonais dans *Quatre cents millions*, entamé la Longue Marche avec Mao Zedong à qui il avait offert sa caméra et filmé un portrait de la Révolution culturelle dans *Comment Yukong déplaça les montagnes*. Pour Yann, la rencontre dans les couloirs de l'hôtel de Pékin est magique. Le souffle de l'Histoire lui claque sur les joues au passage du vieil homme rayonnant. Il lui montre avec émotion ses photos pékinoises, attendant son verdict comme une bénédiction. « On sent que tu aimes les Chinois, que tu sais observer et que tu fais confiance au temps » commente Joris Ivens.

À côté de l'hôtel, la rue du Puits des Palais ose ses premiers magasins privés. L'œil du photographe fouille la foule qui déferle sur la rue et attrape au vol un geste, un instant, un regard, toutes ces petites étincelles qui font de l'anonyme noyé dans la masse un individu. Il peaufine sa méthode, une danse furtive et lente comme un taiji pour se faire oublier et attraper doucement au vol des images et des ambiances vraies sans rien déranger. Il se fond dans le flot, tente de rester discret et comme absent, de « paraître idiot » dit-il. Son regard fixe avec tendresse la bienveillance amusée d'un vieil homme, les joues rougies par le froid d'une jeune Pékinoise pétrifiée de curiosité pudique envers cet étranger. Les photos racontent en filigrane la routine de leur journée. La curiosité saisie dans les regards de cette époque laisse imaginer les mille anecdotes sur ce « long nez » soudain croisé sur le parcours balisé de leur quotidien.

« Dans un endroit nouveau,
écarte tes sourcils,
mais prends tes yeux avec toi. »
Proverbe populaire

Canton-Pékin, hiver 1985.

Mon premier contact avec la Chine populaire me laisse pantois. À Canton, la lumière grise très laiteuse coule toute forme dans une gangue d'uniformité, sans contraste ni couleurs. Une gamme que je ne sais pas encore approcher. C'est une véritable tempête dans mon cerveau. Je ne sais comment me comporter, quelle attitude adopter, mais l'atmosphère débonnaire me séduit, ce mélange surprenant de détente débraillée et de rigueur formelle m'intrigue et me surprend. Je comprends qu'il faudra du temps pour gratter le vernis des apparences, que les Chinois ne livrent pas leurs secrets au premier venu. Il faudra les mériter. Je recherche pour ces premiers reportages les signes émouvants d'un pays qui se découvre des envies de changements : les Cantonais dévorent chaque nouveauté avec l'intensité des premières fois : les premières pistes de patins à roulettes, haut lieu du romantisme, les premiers magasins privés, les premiers marchés libres... Des curieux en costume Mao font la queue pour visiter le hall de l'hôtel du Cygne blanc, fascinés par le faste grandiloquent des fausses montagnes, des cascades ornées de lampions rouges et des dalles de marbre qui lui donne des airs de salle de mariage pour « grand dirigeant ». Quelques téméraires s'habillent comme des Hongkongais pour franchir la sécurité. Et ça marche ! Les gardes ont trop peur de gaffer.

À Pékin, l'austérité grise me saisit encore comme une eau trop froide. Le vent, sec et craquant, givre les moindres aspérités de vie, l'odeur du charbon plane. Mais la ville exhale un charme désuet qui pare d'une certaine poésie le béton spartiate, le ballet des vélos sur les avenues sans voitures et la vie intime des venelles traditionnelles. J'aime passer des journées entières à la gare de Pékin. Pour moi, cet édifice à mi-chemin entre la pagode et le paquebot stalinien est le centre du monde chinois : les paysans débarquent de lointaines campagnes, les militaires s'en retournent chez eux, les citadins rendent visite à leur famille à l'autre bout du pays. Je découvre aussi une Chine inattendue : le flirt nocturne des homosexuels sous les murs pourpres de la Cité interdite, les boums souterraines où les jeunes s'essaient à leurs premières danses sur des mélopées disco, la première bourse chinoise dans les sous-sols d'un gymnase...

J'apprivoise avec bonheur les subtilités ou l'intensité des lumières pékinoises : ces brumes matinales percées d'un soleil orange timide, ce blanc laiteux rappelant les estampes, les jaunes sales des tempêtes de sable printanières venues du désert de Gobi, les bleus profonds des ciels d'hiver promettant, matin et soir, la fameuse « heure d'or » des lumières magiques, qui sculpte la vie d'un contraste chaleureux...

Mon ami de chambrée m'initie aux absurdités du système : j'apprends ainsi qu'il est plus efficace d'obtenir un yaourt des garçons d'étage en débranchant le micro d'écoute qui espionne notre chambre, plutôt que de le commander par téléphone.

La rencontre avec Wang Miao sera pour moi déterminante. Coloriste passionnée, elle est reconnue comme la plus grande photographe chinoise. Ses photos sont publiées dans Géo mais elle n'a pas accès aux publications étrangères. Présentée par l'ambassade de France, elle devient très vite ma « grande sœur ». Elle m'invite à passer le premier Nouvel An dans sa famille. Par tradition, elle vit chez son beau-père, le ministre de l'Agriculture. Je découvre que son atelier se réduit à une toute petite table lumineuse cachée sous l'escalier. Tant de talent sans moyens ! Wang Miao veut tout savoir sur la photo en Occident, la vie des photographes... Elle se moque de moi, encore tout jeune, qui veux faire un grand portrait de la Chine. Nous comprenons très vite que nous avons tout à apprendre l'un de l'autre. Face au manque cruel d'accès à la culture visuelle étrangère, nous décidons de fonder une bibliothèque de livres photos au sein de l'Association des photographes chinois. Je parviens à réunir plus d'une tonne de livres et de magazines en France et m'apercevrai plus tard en sillonnant la Chine que ce geste m'a apporté tant d'amis pendant vingt ans... Wang Miao me présente ses sites favoris à Pékin. Nous nous observons mutuellement, jouant de nos appareils, de nos approches, de nos regards sur les beautés colorées de la vie quotidienne. Ce Nouvel An ouvre l'année du Tigre, mon signe astrologique. La tradition veut que ces douze mois soient « l'année de tous mes destins »...

Après moult expéditions, Yann décide d'associer plusieurs talents pour créer un portrait subjectif de la Chine. Leurs atouts : l'audace de la jeunesse, un humour décalé, une créativité débridée et une légèreté de baladin en terre de raison communiste. En avril 1986, Yann et le groupe d'artistes Kaltex, Simon Pradinas, Willy Pierre et Soizic Arsal, appareillent pour un voyage inédit de trois mois. Ils veulent inaugurer un nouveau style de reportage, d'aventure humaine, peinte, filmée et photographiée. Sans postulats ni idées préconçues, les compères débarquent un matin d'avril à l'aéroport de Pékin, muni de caisses de pinceaux, rouleaux, caméras et un bébé de 14 mois, Alula, en bandoulière. La Chine n'est pas encore une carte offerte au voyage, mais juste quelques villes ouvertes comme des promesses dans l'immensité d'un interdit.

Leur force provient de la subjectivité revendiquée d'un regard occidental. Kaltex assume cette position d'observateur d'une situation créée par leur présence même. Leur magie, c'est de s'assumer comme vision d'un autre monde, barbares stupéfiants au drôle de poil apparus au détour d'une route. Ici, on ne connaît encore que le réalisme socialiste de la propagande et il est difficile d'accepter que la réalité puisse aussi être là, peinte sur le vif au coin de la rue, dans cette sarabande de couleurs effrénées, ces portraits osés et ces photos décalées. En 1986, pour une paysanne du Guizhou, une peinture de son quotidien ne peut être de l'art. L'art ? C'est un souffle héroïque : ces héros de la révolution aux mâchoires viriles, ces armadas de tracteurs rutilants moissonnant d'épaisses toisons de blé, ces soldats souriants lançant des grenades dans des poses de danseuse étoile. Pour les Chinois rencontrés, difficile d'accepter cette débauche de couleurs vives et tranchées, ces poses naturelles si peu héroïques. Mais certains se prennent au jeu et renvoient les clins d'œil dans le miroir de leur surprise. L'aventure aboutit à une exposition de six mois au musée d'Art moderne, un livre, des films. Yann apprend à faire confiance en ses audaces, à rechercher sans répit le cadrage inédit, les lumières qui surprennent.

« Le moment donné par le hasard
vaut mieux que le moment choisi. »

C'est parti pour trois mois d'aventure. Simon se met à peindre dès l'arrivée dans le hall de l'aéroport. Il comprend très vite qu'il ne faut pas s'attarder, dégaine son crayon, esquisse des formes qu'il revoit dans la chambre d'hôtel. La spontanéité des quatre « barbares » déclenche une curiosité folle chez les passants. Les badauds sont stupéfaits de voir un étranger se livrer avec tant de naturel à une activité si inattendue. Ici, on ne s'assoit pas par terre avec un pinceau à la main pour peindre le quotidien. Les gens nous entourent par dizaines, stupéfaits, méfiants et attentifs à l'image que nous créons de la Chine devant eux. Il est déroutant pour eux de découvrir le regard si décalé porté par un étranger sur leur pays.

L'expérience se renouvelle quotidiennement mais, à la gare de Pékin, la situation prendra une tournure inattendue. Ce jour-là, nous arrivons de Xi'an. Sur le parvis déambule la foule habituelle des gares chinoises : des paysans en vareuse militaire kaki, avachis sur des bâches de chantier, des flics en civil, cheveux en brosse, des citadins sur le départ, des bébés en culotte fendue, des retors et des naïfs. Soizic, Willy et Simon esquissent un tableau. Sur la toile, tout ce beau monde se retrouve serré sur le parvis d'une gare verte et rouge, foule anonyme et fatiguée saisie dans un moment d'attente et d'abandon. Quand ils déroulent leur peinture sur le parvis pour ma photo, la situation dérape soudain pour la première fois. Les badauds prennent le geste pour un acte antichinois et les policiers m'emmènent pour l'interrogatoire au poste où je passe six heures kafkaïennes. Je les déconcerte en prenant l'initiative de mon autocritique… debout sur la table ! J'explique que « je suis un cancre en Chine pour étudier la grande culture chinoise mais je n'étudie pas vite ». La confession les amadoue. Je censure le tableau moi-même. Les tâches noires feront partie de son histoire. Le flic en plein mouvement de taiji au milieu de la toile est effacé sous un nuage d'encre de Chine. Barbouillée aussi, la tête inachevée reposant sur le sol de la gare. Le tableau sera baptisé « La gare de Pékin à l'encre autocritique ». Quinze ans plus tard, les personnages censurés réapparaissent peu à peu sous l'encre de Chine.

Anshun, au Guizhou, vient juste d'ouvrir aux étrangers. Pour nous, c'est l'émerveillement total. Labyrinthe inextricable de ruelles bordées de vieilles maisons de bois, la ville s'est assoupie dans un autre temps. Différentes ethnies s'y côtoient les jours de marché dans une véritable fête de couleurs, de parures d'argent, de parapluies rouges et jaunes, à mille lieues de la grisaille des grandes villes. Nous apprenons à reconnaître les Yao avec leurs étoffes noires brodées de rouge, les Miao qui raffolent du bleu et des dessins géométriques, des bijoux et des turbans de laine, les Bouyei et leurs batiks. Je rencontre pour la première fois la diversité ethnique des montagnes du sud de la Chine. Pour ces villageois descendus de vallées reculées, la présence d'Européens est déroutante. Les regards des badauds sont tout d'abord étranges : pour eux, notre présence est impossible, impensable, renversante. Les regards sont fixes, nous traversent comme autant de questions non formulées. Puis une réflexion, un sourire, un geste déclenchent soudain la sympathie. Il faut juste prendre son temps, ne pas forcer un rythme qui obéit à ses contraintes propres. Ces visages m'inspirent une série de photos. Soizic, Willy et Simon préparent une grande toile multicolore qui doit servir de fond pour des portraits croqués au Polaroid que l'on offre aux villageois. Ces derniers se plient au jeu avec une surprise amusée, se placent devant la toile pour faire plaisir aux étrangers. Une paysanne en nattes pose avec son vélo comme une amazone, une Miao tient son bébé avec un sourire à la fois fier et doux. De sa propre initiative, un jeune brandit soudain un billet de 10 yuans, comme une déclaration et un appel au monde de ses rêves. La glace est brisée… La séance et le cadeau plaisent tant que le lendemain, deux cents personnes font la queue devant l'auberge en agitant la main droite. Le geste du Polaroid qui sèche !

Notre chance ne dure pas. La police nous consigne à l'hôtel pour avoir enfreint les règles de circulation en zone interdite. Les environs de la ville ne sont pas encore ouverts. Ils nous photographient comme des prisonniers. Face, profil droit, profil gauche. Les doigts dans l'encre pour une empreinte. Puis le bras de fer pour l'inévitable autocritique commence. Nous refusons de signer en chinois, « la faute commise était involontaire ». Les zones manquent de panneaux d'interdiction – en anglais ! Après trois jours de négociation, l'amende sera finalement de cinq euros par personne.

Au bout de deux jours, je décide de me sauver pour tenter quelques photos supplémentaires de ces campagnes luxuriantes. Pour échapper au policier qui garde ma porte, je m'enfuis par la fenêtre en nouant les draps et arrête la première moto. Mon chauffeur, tout guilleret, décide de m'inviter à déjeuner chez ses parents. De lourdes portes de fer s'ouvrent sur une étrange forteresse flanquée de miradors… Autour des baraquements, des hommes vêtus en marron, fers aux pieds… C'est un « laogai », un camp de rééducation par le travail ! Ses parents sont geôliers ! La légèreté et l'inconscience absolues… Je m'étais échappé de l'hôtel en cachette pour baguenauder dans un camp de travail et trinquer avec les geôliers à l'amitié entre les peuples tout en priant pour qu'ils ne découvrent pas mes appareils photos…

Yann commence à assumer sa différence culturelle, son identité de *laowai*, de « bon vieil étranger ». Il apprend à désarçonner ses interlocuteurs en jouant la carte de « l'étrange étranger ». L'humour permet de toucher le cœur des gens derrière la carapace d'interdits, de clichés et de peurs. Il rencontre des étrangers liés à la Chine par les tripes, pour la vie. Des aventuriers aux vies de romans. L'un d'eux est Andy Friend, fils d'un communiste américain réfugié politique en Chine. Le seul petit blond aux yeux bleus élevé à l'école chinoise pendant la Révolution culturelle… Andy joue de l'absurde comme un virtuose pour se protéger de l'impossibilité de s'intégrer dans la société chinoise. Aucune porte ne lui résiste. Il est homme à convaincre un véhicule militaire de les conduire dans le secret d'État d'une mine d'or clandestine en zone fermée. Un don que saura reconnaître le réalisateur Bertolucci qui l'embauche comme diplomate entre les deux équipes chinoise et américaine sur le tournage du *Dernier Empereur*. Spielberg suivra. Le jeune Américain représente pour Yann ce mélange culturel mythique, en fait complètement illusoire. Il lui apprend à faire le clown pour passer à travers les murailles : jouer d'illogismes, se comporter comme il ne faut pas, danser au milieu des commissariats pendant les interrogatoires, rire au mauvais moment pour casser la glace. Il lui apprend aussi à mieux aimer la Chine, à se sentir plus à l'aise dans sa peau d'étranger. Andy est séduit par la passion du photographe. « Yann était comme drogué de Chine. Sa présence relevait plus de la passion, de l'expérience personnelle que professionnelle. Il était calme, très lent, comme si son *qi* (souffle vital) était déjà réglé sur celui des Chinois. Il était là, puis plus là, disparu juste derrière toi. Le declic de son Leica glissait comme lui sans bruit, de manière non intrusive » se souvient-il.

Yann commence à rejeter une vie entre étrangers confinée aux halls d'hôtel de luxe et aux résidences diplomatiques où les cocktails sont si doux et les mots si pesés… À l'extérieur du cocon de ces quartiers gravitent les pionniers : des francs-tireurs qui n'ont peur de rien. Un homme d'affaires qui vit en chambre d'université avec sa femme, des étudiants prêts à tout pour vivre avec les Chinois malgré les interdits. C'est l'époque un peu folle où un espion européen troque la construction d'un aéroport sur la côte contre des tonnes de crabes ensuite monnayées au Japon… Quelques artistes chinois fréquentent

壽

WASHING MACHINE
22 Kg

ces étrangers comme une bouffée d'air, pour oublier le régime de l'époque : entre les délégués des comités de quartiers qui dardent sur eux de lourds regards quand ils rentrent éméchés, les voisins qui se font un plaisir de surveiller leurs fréquentations pour dénoncer « leurs déviations », les vérifications d'identité à l'entrée des bâtiments pour étrangers, l'atmosphère est insupportable pour un jeune Chinois rêvant déjà d'une autre vie. Être ami d'étranger, c'est une identité audacieuse en soi, une étiquette. Celle de l'élément subversif. Artiste, forcément. Marginal, par fierté et obligation. Rebelle, par instinct de survie... Ils voient en ces étrangers une porte vers la liberté, la créativité, peut-être l'émigration et, réciproquement, deviennent pour les passionnés de Chine une ouverture sur la réalité chinoise.

Tous se rencontrent dans des soirées clandestines où les deux frondes communient dans les décibels contre-révolutionnaires et l'alcool. Yann y rencontre Niu Niu – « Chipie ». Étudiante à Pékin, artiste, marginale, révoltée, la jeune Sichuanaise devient sa princesse du bout du monde. La cause des artistes devient ainsi un engagement personnel et influe sur son regard. Yann vit sur les campus au plus fort des manifestations étudiantes de 1986-1987, il chasse les signes de défaite ouvrière, les regards fatigués, la pollution : des photos qui aujourd'hui ne sont plus subversives mais illustrent la fin d'une époque.

« Mieux vaut allumer une petite chandelle que maudire l'obscurité. »

1989-1990

Je n'ai pas été surpris par l'explosion étudiante de 1989. Deux ans plus tôt, j'avais clairement ressenti – et publié – que les frémissements sur les campus n'étaient que les prémices d'événements plus graves à venir. Quand le pouvoir lance les chars sur les étudiants qui occupent la place Tian Anmen en juin, je ne suis pas à Pékin. Avec Niu Niu à Paris, nous suivons, en larmes, les événements minute par minute à la télévision et au téléphone. Nous sommes aussi choqués du décalage entre la couverture médiatique des événements, qui met l'accent sur des revendications démocratiques à l'occidentale, et l'esprit de cette révolte qui m'est si familière depuis plusieurs années : j'avais rencontré un besoin de liberté, de changements et un grand élan patriotique contre la corruption. La répression marque la fin de l'ébullition intellectuelle des années précédentes.

Je saute dans le premier avion pour la seule destination possible, Shanghai, qui menace alors d'exploser. Plus d'un million de personnes défilent dans les rues, mais la catastrophe est évitée. Dans la foulée, je décide de sillonner les campagnes du Sichuan, du Henan, du Hubei, pour comprendre ce qu'en pensent les paysans. Ils sont en colère contre les étudiants nantis des grandes villes, avides de changements trop rapides. « Pourquoi réveiller du pied le serpent qui dort et risquer de perdre tous nos acquis ? » me lancent-ils. Le reportage ne sera jamais publié.

Cela me conforte dans une nouvelle démarche, plus intemporelle : m'affranchir de ce courant médiatique qui impose une analyse à travers un prisme politique de démocratie occidentale. Je ne me sens pas journaliste. J'ai envie de prendre plus de temps pour apprendre, de voyager, d'aller encore plus loin dans l'exploration, la découverte et la transmission de la passion, de la magie des rencontres et des cultures. Il fallait que je me rapproche enfin du « vrai » monde chinois, à mille lieues des artistes branchés que je connaissais. Avec Simon Pradinas, nous partons pour six mois en pays Dong dans le sud, pour réaliser un livre, un film et un reportage qui s'émanciperont de l'actualité, là où « l'empereur est loin et les montagnes sont hautes ». Tellement hautes même, qu'aucun étranger n'y avait mis les pieds...

Le peuple Dong, une ethnie de deux millions d'âmes, ne pouvait qu'attiser notre soif d'aventure et de connaissance. J'avais entendu parler de ce peuple qui s'exprimait en chanson et vénérait l'architecture comme un dieu... Mais ce peuple était nimbé du mystère le plus total, les images et les écrits rares. Nous localisons l'entrée du pays Dong, un village appelé Sanjiang. De là, une piste de dix-huit kilomètres s'enfonce dans les montagnes vers des territoires vierges de toute modernité. Les Dong y égrainent un quotidien rythmé de chansons, de défis musicaux lancés entre villages par les équipes d'orgues à bouche, dans un univers de troc et souvent sans école, coupé des influences du monde extérieur derrière de hautes montagnes.

Dans les vallées les plus reculées, à plus de trois jours de marche, les villageois nous fuient en criant au fantôme. Certains n'y ont même jamais rencontré de Chinois Han et ne connaissent pas l'argent. Tian Bao, le seul instituteur du district, nous tend les bras, avide de découvrir un ailleurs lointain. De père Han et de mère Dong, le jeune devient vite un guide précieux dans la découverte de la culture locale. Il nous décrypte le pays Dong, où tout ne ressemble à rien de ce monde sur des cartes naïves évoquant des parchemins d'île au trésor. Mon œil de photographe se délecte de leur architecture, un hymne à l'harmonie des éléments avec les esprits. À la sortie du village de Baxie, un majestueux « pont de la pluie et du vent », enjambe la rivière en offrant ses toits de pagode au ciel. L'édifice, tout de bois et de tuiles, est construit sans clous ni rivets, selon les règles sacrées de l'architecture. Tian Bao nous explique au coin du feu que le dong est la langue tonale la plus compliquée du monde. Ses quinze tons – on n'en dénombre que cinq en mandarin – sont inaudibles à nos oreilles. La vie, ses bonheurs et douleurs, s'y racontent en quarante-quatre types de chants obéissant à des codes stricts de rimes musicales. Il existe des chants codés de politesse, pour l'ivresse, pour pratiquer l'art du détour sur le chemin, pour les opéras, les veillées de légendes, pour les rencontres amoureuses et les séparations, des chants pour réconcilier les époux fâchés...

Avec les années 1990, Yann devient le témoin de la fierté d'un peuple qui se réapproprie ses croyances, ses cultures et son passé. Les traditions avaient été mises à mal durant la Révolution culturelle, qui avait tenté de faire du passé et des « Quatre Vieilleries » table rase. En 1995, le photographe suit la réhabilitation du confucianisme à Qufu, la ville natale du sage. Encouragé par l'amusement complice de ses amis chinois, Yann se plonge dans les écrits du penseur pour comprendre les principes qui ont modelé la société chinoise depuis près de deux mille six cents ans.

Il part aussi sur les traces d'un passé architectural souvent avalé entre béton et acier : une dernière maison en bois accrochée à flanc de colline entre deux chantiers à Chongqing, une pagode dressée à côté de la tour de télévision à Pékin, un Grand Canal noyé dans le ciel couleur de lait plombé en plein mois d'août. Le Grand Canal de Pékin à Hangzhou... Un de ces défis de l'homme à la nature que les Chinois affectionnent depuis des dynasties. Écrasant Panama et Suez de ses mensurations (1 800 kilomètres), ce canal est leur ancêtre de plus de deux millénaires... Sa prolongation au VIIe siècle, nécessitant un travail titanesque, avait mis la dynastie Sui à terre. Il ne démarre aujourd'hui qu'à plusieurs centaines de kilomètres de Pékin, au sud d'un fleuve Jaune tellement asséché qu'il n'atteint même plus la mer... Partant sur de fausses pistes dans les campagnes du Hebei, les compagnons de voyage passent plus de temps dans des taxis et la poussière que sur des péniches dont ils avaient rêvé. Pourtant, plus au sud, le canal leur dévoile bientôt ses surprises : les canaux vénitiens de Suzhou, le lac de l'Ouest à Hangzhou – le comble du romantisme et du raffinement de la culture chinoise – et le lac de Weishan, offrant son immensité couverte de fleurs de lotus, où les pêcheurs au cormoran cueillent avec gentillesse les plus belles fleurs et leur posent d'immenses feuilles sur la tête pour les protéger d'un soleil chauffé à blanc. Mais le canal mythique est aussi devenu une voie fluviale polluée, très fréquentée... Ils passent des journées entières sur des péniches à jouer au mah-jong avec les convoyeurs, à attendre le passage des écluses embouteillées par des milliers de barges.

Au fil des reportages, ses photos sont aussi attentives aux monuments qui témoignent d'une civilisation plurimillénaire qu'aux personnages qui les habitent, qui les pratiquent et les réinventent au quotidien. La porte du temple taoïste vit par le visage du moine qui l'ouvre, la statue du bouddha géant par l'homme assis à ses pieds. Le regard de Yann combine esthétisme et tendresse. Dans les campagnes luxuriantes ou les déserts, il rencontre aussi la pauvreté des villages, la fatigue des gestes et des regards, les nippes rapiécées et la saleté, les kilomètres de routes avalés le dos courbé sous de lourdes charges... Mais ses photos attrapent avant tout les instants de dignité, de grâce, de communication, l'éclat de rire déclenché par sa présence, ou les moments de fêtes et de travail où tous l'oublient.

Sa passion de la Chine devient si obsessionnelle qu'elle manque de perdre le photographe. Depuis son expérience chez les Dong, Yann ne pense qu'à renouer avec la douceur luxuriante du sud du Yangzé, où une nature sensuelle et généreuse se substitue à la poussière et aux paysages couleur de terre jaune de la Chine septentrionale. Son rêve prend soudain la forme des rizières sculptées qui drapent les montagnes Ailao, proches du Vietnam, dans la province du Yunnan. Finis les salmigondis de taxis, de grues et de grands magasins... Toujours *persona non grata*, Yann commet une folle imprudence en plongeant dans l'illégalité pour aller photographier... ces nouvelles rizières.

« Qui ne connaît pas la folie
ne peut être sage. »

Je suis devenu persona non grata *en Chine depuis la sortie du film* Pas de larmes pour Mao *adapté d'un roman publié en 1988 par Niu Niu, ma femme. Le livre est un témoignage des turpitudes qu'elle a supposément traversées pendant la Révolution culturelle. L'ouvrage devient un best-seller en France et dans le monde, Niu Niu est de tous les plateaux télévisés. Sa révolte séduit, son passé horrifie, ses confessions émeuvent. Mais les autorités chinoises me désignent, à tort, comme l'instigateur de ces confessions politiquement trop gênantes... Je suis interdit de visa... J'apprends bien plus tard que le tragique destin supposé de ma femme était en fait une pantomime tragique pour charmer l'Occident et moi le premier. Mais ces années m'ont fait vivre le plus beau bonheur céleste. La descente fut très douloureuse.*

Pendant cinq ans, il me suffit de passer par Hong Kong pour obtenir un visa express de tourisme. Cette combine me permet de m'aventurer à la frontière russe au Xinjiang, de suivre des cavaliers kazakhs qui chassent à l'aigle aux fins fonds de la steppe, de rencontrer les conducteurs des dernières locomotives à vapeur qui écument la Mandchourie par –40 °C, de suivre les premiers congés payés et de passer six mois en zone interdite chez les Dong...

Jusqu'en 1992, où le visa m'est refusé à Hong Kong. Je panique. Il faut que je parvienne à rejoindre Tao, mon assistant chinois, pour préparer un film sur les sculpteurs de montagne du Yunnan. Je file illico presto *sur Bangkok, où je commets une erreur monumentale : j'achète un faux passeport. Ce n'est pas sans appréhension que je tends mon identité usurpée à l'immigration en revenant à Hong Kong. Qui est ce Stephen, le jeune Canadien du passeport ? Un routard qui a perdu ses papiers ? Un criminel qui jongle avec les identités ? La jeune douanière tape mon faux nom, puis se liquéfie. Elle assomme un bouton rouge, terrifiée. Je me retrouve intégralement fouillé, nu, mes affaires passées au peigne fin. Mon faux passeport acheté à Bangkok était en fait celui d'un trafiquant de drogue recherché... Je parviens à dissiper le malentendu avec l'appui de nombreux amis et confrères basés à Hong Kong. Mais la faute est grave et je me retrouve dans les cachots de la prison Victoria avec les grosses lettres VIP en rouge sur mon dossier. Deuxième sous-sol sans lumière, une pestilence capiteuse, de drôles de tronches émergeant d'une pénombre gluante... Mon compagnon de cellule, un costaud quadragénaire survolté, rumine sa colère dans des spasmes volcaniques. L'homme traîne une trentaine de chefs d'inculpation, dont attaque à main armée et meurtre. Affligé d'un tel voisin de cellule, je ne ferme pas l'œil, enroulé dans une couverture miteuse et moite sur une dalle de béton au-dessus d'un sol fleurant un siècle de pisse. Quelques jours plus tard, je suis finalement expulsé du territoire les menottes aux poignets et puni d'une amende de 1 500 euros. Une sentence très clémente, je dois avouer. Je m'épuise d'être acculé à de tels extrêmes par ma passion : tous ces stratagèmes pour aller filmer des rizières ! Je ne suis même pas intéressé par les sujets journalistiques sensibles. L'affable M. Tian de l'ambassade de Chine à Paris comprend, plaide ma cause à Pékin pour réviser le dossier et obtenir les autorisations nécessaires à mes futurs projets. J'ai maintenant le sésame pour un accès à de nouvelles facettes du pays.*

Le Yunnan, « le pays au sud des Nuages », région de terre flamboyante nichée entre les plateaux tibétains, la jungle birmane, laotienne et vietnamienne... Une poésie sauvage et douce à la fois. La région se trouve sur toutes les routes de voyages, de commerce et d'invasions... Kubilai Khan, les marchands de thé et d'épices, les missionnaires français ont foulé ses chemins et rencontré les vingt-quatre ethnies qui peuplent ses collines. La région fut un royaume indépendant pendant près de cinq cents ans avant d'être renversé par le conquérant mongol au milieu du XIIIe siècle. Yann prend la direction des rizières de Yuanyang, près du fleuve Rouge, loin des itinéraires fréquentés. Les autorités, l'accueillant en grande pompe, lui expliquent qu'il est le premier étranger à pénétrer ces montagnes. Il est venu chercher des paysages somptueux, des costumes, des couleurs pour évoquer le bonheur du voyage et de la découverte. Ici, les rizières sont magiques, uniques au monde. Véritable caméléon minéral, ces montagnes crêpées de terrasses en eau changent en fonction de la lumière. Elles lui donnent envie de raconter l'histoire des paysans qui les ont sculptées avec une poésie de peintres depuis deux mille cinq cents ans.

Sa palette d'émotions visuelles passe par la couleur. Toujours la couleur, pour respecter la vérité et les ambiances. Yann n'utilise jamais de noir et blanc, qui, selon lui, provoque une émotion trop conventionnelle et stylisée, oubliant l'essence même de la vie. Dans une photographie en couleurs, le noir et le blanc sont pour lui des « éléments secondaires avec lesquels il faut jouer ». « Le noir est un ami qui aide à détacher les formes, le blanc un ennemi, un parasite qui détourne l'œil du sujet. » Les plus belles photos sont souvent ponctuées de rouge, la couleur de la passion, de la stimulation, mais surtout, en Chine, du bonheur. Le vert infuse plutôt un sentiment de paix, le bleu est la couleur de l'esprit. Il lui est absolument inconcevable de se priver de la richesse d'une palette à la fois miroir et source de tous les sentiments qu'offre la vie.

Yann ne revendique pas de style. Il est hostile à toute trace de « griffe photographique » et recherche en permanence une émotion plus humaine que graphique. Dans cette quête, l'appareil n'est qu'un outil, du même ordre que le marteau pour un charpentier. Un outil qui lui rappelle souvent ses limites techniques dans les ambiances laiteuses des ciels chinois. Sauf au Yunnan, la région qui offre des couleurs lumineuses et intenses, là-bas, au « sud des Nuages ».

« À qui sait attendre,
le temps ouvre les portes. »

Septembre 1992

Yuanyang se trouve à 400 kilomètres au sud de Kunming, la capitale de la province. Je suis reçu en fanfare par les autorités locales, qui de banquets en ripailles tiennent à démontrer leur hospitalité. J'apprends que, chaque année, plusieurs villages Hani s'associent aux Yi pour construire des rizières neuves pour les nouveaux mariés. C'est un rituel collectif qui intervient au printemps.

Les Hani sont une ethnie tibéto-birmane où le sorcier tient une place importante. Dans cette société animiste, c'est le chaman qui préside les rituels de vénération des dieux de la Terre, de l'Eau et des Arbres... Il est le vecteur entre le ciel et les hommes. On me présente un jour Grand Dragon, le sorcier du village. Je lui explique mon projet de film mais il ne comprend pas le traducteur Hani. Il n'a jamais vu une télévision et se méfie tout d'abord des intentions du premier étranger qu'il rencontre. Nous devenons ensuite bons amis, apprenant autant l'un de l'autre. Nos deux curiosités se rencontrent avec bonheur. Nous passons bientôt nos repas à deviser sur nos familles, nos cultures respectives. Il se plaint de la dureté du quotidien.

Chaque journée de tournage offre à l'équipe et aux Hani le plaisir d'une complicité et d'une harmonie inédites. Grand Dragon se plie avec grâce à des contraintes techniques qui lui échappent complètement. Dès que le soleil apparaît le vieux sorcier remonte sur son buffle, prenant de court l'équipe technique. Six mois plus tard, je reviens présenter le film aux villageois. Une projection organisée dans la maison de Grand Dragon dure trois jours et trois nuits. Plusieurs centaines de personnes défilent pour voir ce film qui sera diffusé partout dans le monde. Certains spectateurs juchés sur le poêle à charbon dansent d'un pied sur l'autre pour ne pas se brûler les pieds. C'est pour tous la première rencontre avec l'image cathodique. Ils découvrent une forme de narration, si différente de leur tradition orale. Reconnaître un proche les fait rire. Ce premier contact précède pour eux l'arrivée de la télévision dans les villages : la dianshi *ou « regard électrique » leur ouvrira bientôt une fenêtre sur le reste du monde. Une petite lucarne qui permettra d'entrevoir la vie surprenante et mystérieuse des grandes villes, où les jours décrits par la propagande paraissent tellement plus faciles. Certains d'entre eux se laisseront prendre au grand mirage cathodique et quitteront leurs montagnes pour user leur santé sur des chantiers, ou dans les usines de la côte.*

Cette rencontre avec Grand Dragon est devenue mon souvenir le plus émouvant de ces années chinoises. Il est l'héritier d'une longue lignée de sorciers Hani. Un jour, l'arrivée d'un étranger a troublé ses certitudes ancrées dans le roc. Les Hani sont capables de réciter cinquante-six générations d'ancêtres de mémoire. Juste les pères bien sûr. Dans un monde si fermé sur ses rythmes propres, le film a été un chamboulement. J'avais filmé la lecture des plantes, le sacrifice des animaux, l'invocation des esprits au pied de la falaise, la petite maison des rizières où il s'enferme pendant quinze jours pour faire les prévisions de l'année. Son discours d'adieu a démontré que ce chamboulement avait déclenché en lui une nouvelle réflexion sur le monde. Il était monté sur l'estrade et avait dit : « Je veux remercier ces étrangers. Finalement on est pareils malgré les apparences. On a tous le même sang, les mêmes yeux et le même cœur pour réfléchir ensemble et s'associer. »

Les mentalités changent à une vitesse déroutante. En 1992, Deng Xiaoping relance le processus de réformes économiques lors d'une tournée dans le sud du pays. Il bénit les appétits matériels par le fameux « Enrichissez vous » ! La Chine connaît une croissance économique soutenue et inégalée dans le monde. Yann rencontre des pionniers en affaires qui ont fait fortune, construit des palais délirants tels des souvenirs de rêve d'enfant, des belles pour qui la séduction n'est plus parée d'un halo vénéneux, des jeunes qui découvrent le rock et quelques années plus tard, la techno, le punk... Exit les vareuses et autres bleus de chauffe difformes. Les Chinoises découvrent le maquillage, la coquetterie, les belles étoffes. L'oubli de soi arboré comme preuve de vertu révolutionnaire est enterré, pour toujours. Le matérialisme marxiste s'efface peu à peu devant une nouvelle religion : soi-même. Le culte de l'argent, avec tous ses excès, devient la quête de toute une société. Dans ses photos, Yann respecte ce matérialisme qui révèle en fait une formidable envie de vivre, après tant d'années de trop peu et d'austérité. Son regard n'enlaidit pas le clinquant et le modernisme criard. La course à la modernité prend à travers ses photos l'allure d'un hymne à l'optimisme. Il est à l'unisson des Chinois qui rêvent sur les légendes de self-made men, des paysans propulsés milliardaires pour avoir inventé une lotion capillaire, ou une machine à fabriquer des glaces sur la plage…

Yann passe plusieurs mois à sillonner le littoral entre Shenzhen et Shanghai, cette côte en proie à une véritable frénésie de développement. Ce carnet de route devient le portrait de la métamorphose du dragon. Rien ne symbolise cette mutation mieux que Wenzhou, la capitale de la chaussure chinoise, ville côtière de la province du Zhejiang. À coups de massives doses de débrouillardise, d'un zeste de mépris des systèmes, et surtout de sueur dans les ateliers, les habitants de Wenzhou ont bâti un empire de la maroquinerie aux ramifications internationales. L'ancienne bourgade poussiéreuse pulse alors de tous ses néons. La rue du Peuple exhibe sans complexe son goût du luxe : magasins d'ameublement croulant sous des vagues de pompons, de velours pourpres, de dorures baroques et d'angelots au ventre rebondi, invraisemblable adaptation d'un style Louis XV aux goûts locaux. Ce dynamisme a un coût : la pollution y est devenue si terrible que les hôtels proposent des masques à oxygène.

En 1997, Yann prend la décision de s'installer à Pékin. Une étape nécessaire pour faire le bilan d'une passion. Il emménage à l'auberge de l'Amitié, une demeure impériale de l'époque Qing nichée dans un dédale de venelles. Dans les années 1930, Tchang Kaï-chek y séjournait pour la sérénité de ses jardins classiques. Pékin devient sa base pour de longues pérégrinations aux quatre coins du pays : il se plonge dans l'esthétique des jardins chinois, descend le fleuve Jaune – berceau de la culture chinoise –, sillonne venelles et avenues shanghaiennes et la région tibétaine du Kham à l'ouest de la province du Sichuan. Le photographe recherche partout les signes de la résurgence de certaines traditions. Derrière le vernis du modernisme à tous crins, il est convaincu d'assister à une véritable renaissance de la culture traditionnelle, des rites et religions : treize ans après un premier reportage à Wudang, il reprend le chemin des monastères de la montagne sacrée du taoïsme.

« Croire tout ce qu'il y a dans les livres
serait pire que de n'en avoir aucun. »
Mencius, IIIe siècle.

Montagne Wudang, 2000.

Wudang est la montagne la plus vivante et la plus magique en Chine. C'était la montagne privée de l'empereur, qui y a édifié une cité interdite autour du Pavillon d'or, au sommet. La montagne est le lieu culte du taoïsme, son vrai siège spirituel. Je décide d'y passer quinze jours de repérages au moment du réveillon de l'an 2000. Ici, personne ne s'intéresse au bogue, à la fête et aux cotillons… Les moines arborant leur chignon si caractéristique au sommet du crâne prient, méditent, s'entraînent aux arts martiaux. Wudang est l'école du « style interne », tout en rondeur retenue, en force maîtrisée. C'est l'art de la défense. Au contraire de Shaolin, qui est le temple bouddhiste de l'école de l'attaque, du « style externe », de la rapidité et du spectaculaire. Les deux écoles ne sont pas concurrentes mais aiment s'affronter lors de matches annuels. Juste avant mon dernier passage, les moines de Wudang avaient remporté cinq combats à un contre ceux de Shaolin.

À la tombée de la nuit, les moines nous rejoignent au réfectoire pour partager quelques bières. D'habitude ils ne consomment pas d'alcool mais font exception pour ne pas faillir au devoir d'hospitalité à un moment si important pour des étrangers. Nous discutons sur la frénésie des changements du monde. Les moines trouvent que tout va trop vite désormais, que le monde perd la voie de la sagesse, que le déchaînement des envies de consommation ne peut être assimilé harmonieusement par les Chinois. À leurs yeux, la Chine perd le chemin de la Voie et de la Vertu, les deux principes fondateurs du taoïsme.

Maître Zhong, reconnu comme le plus grand maître des arts martiaux en Chine, est l'héritier des pouvoirs sacrés de Wudang. Il maîtrise les quarante-quatre styles de l'école taoïste. De cet homme de 38 ans émanent une force sereine et une distinction naturelle. Difficile de le photographier, car le maître ne montre jamais son art. Nimbé de cette autorité spirituelle, il paraît à dix mille lieues de la modernité qui bouillonne à quelques dizaines de kilomètres du monastère. Mais il prend en même temps un malin plaisir à me filmer au travail, une caméra numérique d'une main, un téléphone mobile de l'autre. Six voyages à Wudang me permettent d'écrire le scénario d'un long-métrage sur le parcours initiatique et l'ascension spirituelle d'un jeune élève qui devient maître. Chen Long, le personnage principal du film, un enfant de 11 ans, devient mon guide dans les subtilités de l'apprentissage extrêmement exigeant du noviciat. Le jeune campagnard avait osé rêver un jour devenir grand maître de kung-fu. Il avait d'abord pris le chemin de la montagne de Wudang. « Un voyage de dix mille li commence à vos pieds » disait Confucius.

« Comme une eau, le monde vous traverse et pour un temps vous prête ses couleurs » écrit le voyageur Nicolas Bouvier dans *L'Usage du monde*. La Chine a prêté ses couleurs à Yann le temps d'un grand voyage humain. Il a donné un visage à la métamorphose unique d'une société, passée en vingt ans d'une austérité de plomb à une effervescence et un bouillonnement rarement égalés. À travers ce témoignage sur vingt années, on voit ces hommes et ces femmes s'approprier progressivement le contrôle de leur propre vie et de leurs rêves.

Quand j'attrapais un papillon, ma fierté ne tenait pas à sa capture mais au plaisir d'ouvrir la porte à une certaine connaissance, une certaine pensée sur l'écologie et au bonheur de l'apprentissage infini. L'aboutissement ultime de ma passion d'entomologiste était de faire découvrir une beauté si proche que nous oublions souvent de la voir et d'en profiter. À travers ces photos de Chine, j'espère suggérer qu'il faut aussi apprendre à regarder la Chine avec son cœur. J'ai eu de la chance de découvrir ce pays et ces habitants. Au fil des années, je me suis aperçu qu'il y avait au moins un milliard et demi de bonnes raisons pour aimer la Chine. Mes photos racontent aussi un peu du jeune garçon qui a rêvé un jour sur une carte du monde et s'est laissé emporté par le vertige de la découverte. La route fut belle et le voyage lumineux.

Anne Loussouarn et Yann Layma

建

10

专业
地砖 瓷砖
涂料 油漆
乳胶漆
大理石 墙纸
水电安装

UN MONDE EN SOI QUI TRAVERSE LES MILLÉNAIRES

La Chine d'hier, tout comme celle d'aujourd'hui, a toujours été un monde en soi. La civilisation chinoise est assurément l'une des plus vieilles et des plus riches du monde. Mais à la différence des mondes disparus, comme l'ancienne Égypte, elle continue à exister, immuable et singulière, face à l'épreuve du temps.

La Chine a toujours été le pays le plus peuplé du monde. Cette densité de peuplement unique constitue, depuis ses origines, sa caractéristique essentielle. Là où les hommes ont toujours été si nombreux, la société et l'État, très tôt, ont dû s'organiser en conséquence. La crainte du chaos économique et social a toujours hanté les dirigeants du pays, les incitant dès l'époque archaïque à mettre en place un système où l'individu sera toujours obligé de s'incliner devant la collectivité.

Dès le IVe millénaire av. J.-C., dans la boucle du fleuve Jaune, à l'endroit où apparaissent les premières traces matérielles de la culture chinoise, la densité de la population était déjà sensiblement plus élevée qu'ailleurs sur la planète. Ce poids de la démographie explique pourquoi l'organisation économique sociale et militaire fut la préoccupation première de la société chinoise primitive. Très tôt, il fallut nourrir la population et organiser sa défense. Très tôt, apparut ainsi la notion d'institution collective et de prélèvement fiscal, celui-ci destiné à financer celle-là. Très tôt, on expliqua que le collectif primait sur l'individuel. Très tôt enfin, furent mises en place les structures coercitives destinées à éviter « que le chaos s'installe », ainsi que la notion de « loi » devant laquelle chacun est prié de s'incliner, au besoin par la contrainte. Les autorités chinoises s'appuieront sur cette philosophie totalitaire du « légisme » pour mener à bien l'unification des Royaumes combattants (VIe-IIIe siècles av. J.-C.) conduisant à l'instauration en 221 av. J.-C., par l'empereur Qin Shi Huangdi, de l'Empire chinois, lequel devait survivre jusqu'en 1911, date de la proclamation de la République.

Cette contrainte démographique reste une clé essentielle pour comprendre la façon dont les Chinois, depuis les origines, ont été gouvernés. La notion de « mandat céleste » qui, au passage, peut être retirée par le ciel à son titulaire dès lors qu'il n'en n'apparaît plus digne et que survient, par exemple, une catastrophe naturelle, telle une inondation ou un tremblement de terre, voire une famine dévastatrice, reste intimement liée à une conception du pouvoir où celui-ci est jugé à sa capacité à organiser les choses « de telle sorte que le chaos ne s'installe pas ».

Au fur et à mesure que la société chinoise affinait ses modalités d'organisation se faisait jour, progressivement, ce sentiment diffus que la Chine était le « pays du Centre », c'est-à-dire à la fois le centre du monde mais également son centre de gravité. Cette donnée explique la position particulière qui aura été celle de la Chine, pays immense, immensément peuplé, par rapport à ses voisins, et que symbolise l'édification, dès le Ier millénaire av. J.-C., de la Grande Muraille dont les tronçons finiront par être reliés un à un par le premier empereur, Qin Shi Huangdi. La Grande Muraille, de fait, sanctuarise le territoire chinois mais elle marque bien, aussi, l'absence de visée impérialiste de la part de cet immense empire qui a toujours considéré ne pas avoir besoin de conquérir les autres, parce que son importance était telle, selon lui, qu'il se suffisait à lui tout seul.

Mais cela n'a pas empêché, loin s'en faut, une respiration culturelle, religieuse et économique entre la Chine et le monde qui l'entourait, car ce monde en soi a toujours été doté d'une formidable capacité d'assimilation des éléments extérieurs, y compris ceux qui en paraissent – *a priori* – les plus éloignés, tant sur le plan de la mentalité que sur celui de l'économie ou de la culture. On le voit aujourd'hui avec la mondialisation dans laquelle la Chine est entrée de plain-pied, on l'a vu hier avec le bouddhisme, la religion venue de l'Inde qui transforma profondément les mentalités chinoises à partir du Ier siècle apr. J.-C. et que les autorités chinoises finirent, quelques centaines d'années plus tard, par adopter comme religion officielle.

Si la quintessence de la civilisation chinoise, véritable éponge assimilatrice, a ainsi réussi à traverser les siècles en se jouant des événements extérieurs, c'est parce qu'elle repose sur des notions extrêmement profondes ayant trait à la conception de l'homme et de l'univers, au premier rang desquelles on placera le rapport au temps et à l'espace. Indissociables, ceux-ci expliquent la théorie des Cinq Éléments (le bois, le feu, le métal, la terre et l'eau), dite aussi des Cinq Agents, censée gouverner l'univers. Les Cinq Éléments sont associés aux directions – l'est pour le bois, le sud pour le feu, l'ouest pour le métal, le nord pour l'eau et le centre pour la terre –, aux couleurs – respectivement le vert, le rouge, le blanc, le noir et le jaune – ainsi qu'aux saisons. Ils produisent les souffles qui sont des condensés de matière et d'énergie. Comme l'écrit le philosophe taoïste Zhuangzi (environ 350-275), ils peuvent se « cristalliser » pour donner leurs formes et leurs états aux matières minérales, végétales ainsi qu'aux êtres vivants.

C'est à travers cette grille de correspondances que s'effectue, pour un Chinois, la perception de la réalité universelle. Cette perception implique une notion cyclique des choses et du temps. On passe d'un élément à un autre, comme d'une couleur ou d'une saison à une autre. Le temps revient toujours.

Ce vaste schéma circulaire du monde est illustré par les soixante-quatre hexagrammes du *Yijing* (*Livre des Mutations*) dont la base unitaire est constituée par les célèbres huit trigrammes divinatoires (*bagua*), autant de symboles cosmologiques dont la succession se fait sans rupture, en passant de l'apogée au déclin. Les mutations sont liées au temps et évoluent selon un processus dynamique que seul l'obtention d'un « juste milieu » d'une situation donnée est susceptible d'arrêter. À cet égard, le *Yijing* constitue sans nul doute la plus ancienne et étonnante tentative de codification graphique de l'univers.

La notion de tao, ce principe d'ordre régissant le monde, l'homme et le cosmos, depuis toujours au cœur de la mentalité chinoise, découle de cette conception cyclique des choses. Suivre le tao revient à suivre la voie de l'harmonie universelle, où chaque élément est à sa place, selon un schéma parfaitement illustré par le yin et de yang et la place centrale de ces deux principes dans la religion taoïste.

C'est dans l'association de ces deux principes antagonistes (mâle/femelle, vide/plein, obscurité/clarté, blanc/noir, chaleur/froid, etc.) que naît « l'harmonie générale » issue de leur union – ou fusion – qu'il convient de rechercher. Aucun des deux principes yin et yang n'est supérieur à l'autre.

La notion de qi, ce souffle vital créateur sans lequel rien n'est possible, est presque aussi importante que celle de tao. Retrouver son qi, le régénérer pour l'utiliser à de bonnes fins, est une préoccupation de base chez tout Chinois pour lequel l'exercice physique dans la nature est toujours le meilleur moyen de commencer sa journée. C'est pourquoi quand on se promène dans les parcs des villes chinoises tôt le matin, nombre de Chinois s'y adonnent aux arts martiaux, aux exercices respiratoires ou tout simplement à la contemplation des arbres aux branches desquelles ils suspendent les cages de leurs oiseaux domestiques pour les faire chanter.

Cette recherche permanente de la fusion et de l'harmonie – on pourrait parler d'homothétie – avec la nature – qui ne signifie pas, hélas, que la Chine soit aujourd'hui le pays du monde le plus préoccupé d'écologie ! – s'explique par la conception taoïste du corps humain, microcosme parfaitement identique au macrocosme universel, qui est toujours comparée à celle d'un « pays » avec son ciel rond comme la tête, sa terre, à l'instar du torse, qui supporte le ciel, les quatre membres étant assimilés aux quatre saisons, le souffle de l'homme au vent, son sang à la pluie, et ainsi de suite. Le corps humain communique avec l'extérieur par ses multiples orifices. S'il y a parfait accord entre l'intérieur et l'extérieur, l'être est en paix, car en communion parfaite avec la nature qui l'entoure, et donc avec lui-même. Dans le cas contraire, l'homme souffre et dépérit. Pour guérir, l'homme a besoin de la nature, de son harmonie mais également de ses plantes et de ses substances biologiques animales ou minérales. Ce rapport essentiel du corps humain à la nature est à la base de la médecine chinoise, l'une des plus vénérables du monde. Le premier traité de médecine et de pharmacologie fut, dit-on, rédigé vers 2000 av. J.-C. par l'empereur mythique Shennong et ne comportait pas moins de trois cent soixante-cinq remèdes, soit un par jour de l'année. Quant aux procédés plus mécaniques de la médecine chinoise (acupuncture, prise du pouls, massages et autres exercices respiratoires), ils ont été peu à peu adoptés à leur tour par la médecine occidentale et témoignent des intuitions souvent fort justes qui furent celles des premiers médecins chinois à l'époque où la médecine occidentale n'en était encore qu'à ses premiers balbutiements.

Le goût des lettrés chinois pour la calligraphie poésie relève de la même problématique. L'écriture chinoise est faite de caractères (idéogrammes) associés entre eux. Elle fut un puissant élément fédérateur pour un pays où les dialectes, voire les langages différents, pullulaient depuis les origines. L'extrême simplicité de la grammaire compense la difficulté de l'apprentissage des caractères, pourtant indispensable pour qui veut pénétrer les arcanes d'une langue extraordinaire, peu accessible en fait à l'art oratoire.

Le chinois est avant tout une langue visuelle. Aussi parle-t-on souvent, à son sujet, de « langue écrite ». Écrire les caractères chinois en respectant les codes et les styles calligraphiques est aussi un acte corporel qui implique un grand contrôle de soi. Le geste, donc, y a toute sa place. Écrire un poème relève de la même prouesse puisqu'il ne se conçoit pas sans une harmonie parfaite entre le sens du poème et la forme des idéogrammes qui le composent. Aussi, l'un des buts essentiels de la poésie chinoise a-t-il toujours été la description de cette harmonie qui se noue entre l'individu et son environnement naturel. Le sentiment de la nature, et la description que celle-ci suscite, de la part du lettré-poète qui la contemple et s'en inspire, y tiennent toujours la première place.

Souvent, les poésies calligraphiques sont associées à des peintures. Parfois, elles en ornent les marges ; d'autres fois, elles en constituent la forme écrite et, en quelque sorte, le contrepoint.

Des découvertes archéologiques récentes ont permis de mettre au jour des peintures remontant à l'époque des Royaumes combattants (VIᵉ-IIIᵉ siècles av. J.-C.). Artisanale jusqu'à la fin des Han, même si l'on trouve, dès cette époque, des bannières peintes à usage taoïste comportant des scènes divines, la peinture voit naître à partir des

Six Dynasties (Ve siècle) les premiers noms d'artistes peintres chinois. Leurs œuvres ont disparu mais elles devaient être suffisamment belles pour que le nom de leurs auteurs passât à la postérité. Dans cette peinture, les figures humaines ont encore la première place, contrairement à la peinture de paysage qui deviendra, vers le VIIe siècle, avec la dynastie des Tang, la quintessence de cet art, pour atteindre son plein épanouissement sous les Cinq Dynasties et les débuts des Song du Nord. C'est à partir de cette époque qu'apparaît également l'usage des lavis et des encres monochromes destinés à rendre l'immensité de paysages au milieu desquels l'homme est toujours représenté de façon minuscule, ou encore, de façon microcosmique, tel détail de plante ou de fleur, à l'aide de quelques traits colorés subtilement déposés d'un petit coup de pinceau par le peintre. L'économie des moyens et la fulgurance du trait ont fait également de la peinture chinoise un moyen d'expression particulièrement adapté au bouddhisme chan où le concept d'Illumination Subite occupe une place centrale.

Au pays du signe – mais également du langage des signes – les Chinois n'hésitèrent pas à disperser ceux-ci sur les extraordinaires objets de bronze que des artisans réussirent à fondre plusieurs milliers d'années avant notre ère, grâce à l'emploi de techniques que l'Occident ne maîtrisera vraiment qu'à la fin du Moyen Âge. L'usage de la vaisselle rituelle se double de son rôle de témoignage archivistique, puisqu'il n'est pas rare que les pièces les plus importantes soient gravées d'inscriptions légales, nominales ou votives.

Au pays où les plus anciens dictionnaires peuvent comporter trente mille caractères, ce qui est écrit devient sacré, et quasiment imprescriptible. Aussi, les lettrés et les poètes bénéficient-ils d'un statut à part, dont la quintessence sera consacrée par la figure du « mandarin-lettré » ou encore celle du « peintre-poète ».

Les livres, donc, sont intangibles et il faudra la folie mégalomaniaque du premier empereur pour décréter, quelque temps avant sa mort, en 213 av. J.-C., le grand incendie des livres, obéissant au slogan, sacrilège en Chine, « Du passé faisons table rase », lequel sera repris, deux mille deux cents ans plus tard, au cours de la Révolution culturelle, par Mao Zedong lui-même. Quant aux célèbres Dazibao, ces slogans écrits sur les murs par les étudiants révolutionnaires, ils ne font que témoigner de l'importance de tout ce qui est écrit, par rapport à tout ce qui peut se dire…

La relation de l'individu au cosmos et à la nature constitue également l'un des traits fondateurs de la civilisation chinoise. L'art des jardins, que les Chinois désignent joliment par l'expression « montagnes et eaux » (*shanshui*), témoigne de cette conception si particulière des rapports entre l'homme et la nature qui caractérisent la mentalité chinoise depuis les origines. L'amour des plantes et des arbres, la contemplation des paysages, la connivence avec les hautes montagnes péniblement gravies, au cours d'escalades qui sont autant de parcours initiatiques pour les intéressés, ont également traversé les siècles et se perpétuent dans la Chine contemporaine, que ce soit dans les parcs urbains, les jardins d'agrément et, surtout, les montagnes sacrées qui accueillent chaque année des millions de visiteurs désireux, arrivés à leur sommet, de faire le vœu qui leur donnera la prospérité, la santé et la longévité.

Pour un Chinois d'aujourd'hui, tout comme, d'ailleurs, pour un Chinois d'hier, le bien-être passe par la vérification constante que son corps et ses actes sont en adéquation avec le ciel (divination, astrologie) et avec la terre (*fengshui*, géomancie) et que les Cinq Éléments (bois, terre, fer, eau et feu) sont correctement appariés avec leurs correspondants, qu'il s'agisse des odeurs, des saveurs et des directions et des couleurs. Être en harmonie avec ce qui vous entoure, absorber la nourriture juste, se poser dans l'espace sans gêner ce qui est autour, restent, dans la Chine d'aujourd'hui, des préoccupations premières. C'est pourquoi n'existe pas, en Chine, cette opposition entre le divin et l'humain, cultivée par tant d'autres civilisations, pas plus que de vision du monde comme création née d'une conception rituelle ou religieuse.

La religion, pour un Chinois, doit être avant tout efficace : qu'il s'agisse du culte des ancêtres impériaux, qui permirent aux dynasties de se perpétuer lorsque les choses allaient mal pour elles, ou encore du culte des parents et des lignées familiales qu'un particulier ne doit jamais interrompre. Ce pragmatisme explique la facilité avec laquelle le bouddhisme, originaire de l'Inde, n'a cessé de se développer depuis son introduction en Chine par la route de la soie, dans les premières années de l'ère chrétienne, pour devenir, sous la dynastie des Tang (VIIe-IXe siècles), la religion principale du pays. Aussi ne s'étonnera-t-on pas de voir, aujourd'hui encore, téléphone portable collé à l'oreille, les fidèles aller se prosterner indifféremment dans une pagode bouddhique ou dans un temple taoïste ou confucéen !

Dans le monde moderne où la science et la technique repoussent désormais si loin les frontières du merveilleux, pareille attitude ne manquera pas de surprendre, voire de choquer, un esprit occidental. Elles témoignent toutefois de l'attachement des Chinois aux grands concepts qui marquèrent les premières étapes de leur culture millénaire ; des concepts qui ont traversé les siècles presque sans bouger, tout simplement parce qu'ils concernent tout ce que l'être humain possède de plus intime : la relation à la nature et à la mort, le souci de soi et le rapport à l'autre.

Malgré la mondialisation et la modernité dans laquelle la Chine est entrée naturellement de plain-pied grâce à Deng Xiaoping, le « monde en soi » chinois, ses traditions millénaires et ses fascinantes composantes continuent à dicter à cet immense peuple sa façon d'être.

José Frèches

全
第

天

吉庆满堂

前进3041

严禁

燃品危险品
炸品带上车

下20

Ne pas lâcher le mouvement pour rechercher la tranquillit

La montagne et l'eau finiront par se rencontrer un jour.

Le silence est un ami qui ne trahit jamais.

Mieux vaut voir une fois que lire cent fois.

Être humain, c'est aimer les hommes.
Être sage, c'est les connaître.

Le moment offert par le hasard vaut mieux que le moment choisi.

Faire vite ce qui ne presse pas, faire lentement ce qui presse.

Ne parlez pas de vous en bien, on ne vous croirait pas,
ni en mal, on vous croirait trop.

Observez les gens au lieu de les écouter.

Si vous doutez de ce que vous voyez,
comment croire ce que l'on vous dit ?

Aux imprévoyants, les soucis ne sont jamais loin.

Petite impatience, grande imprudence.

La rose n'a d'épines que pour celui qui la cueille.

Le grave est racine du léger, le calme est maître du mouvement.

Dix pas à faire, neuf font la moitié du chemin.

Ne craignez pas d'être lent, craignez d'être à l'arrêt.

Qui trouve du neuf dans l'ancien peut être un maître.

Qui est indifférent à la calomnie, voit les événements de haut.

Le bien ne fait pas de bruit ; le bruit ne fait pas de bien.

À qui sait attendre, le temps ouvre les portes.

Un jour en vaut trois à qui fait chaque chose en son temps.

Plus l'audace est grande, plus l'art est élevé.

Qui reconnaît son ignorance n'est pas ignorant.

L'homme de bien est lent à parler mais agit promptement.

L'eau calme reflète les choses, l'esprit du sage est miroir de l'univers.

Le bonheur va vers ceux qui savent rire.

Si le partage est égal, il n'y aura plus de pauvres.

echercher la tranquillité au sein du mouvement.

高粱酒

little tikes

little tikes

福
福

福
福
福

Coca-Cola
NEC
NEC

OMEGA
飛亞達表
FIYTA
一旦擁有 別無所求
天王巨星
天王表
时代象

INTERNATIONA
深圳國際
熱 烈 慶 祝 深 圳
深 圳 市 國 際 企 業 股 份
週 年 慶 時 裝 表

1998
1998

PARIS

南二

燒鷄
麻辣
兔

榆树园 烧鸡
榆树园
张记
烧鸡
兔肉
榆树

REDÉCOUVRIR LA CHINE

Je ne sais combien de fois, lors de débats avec les spectateurs de mes films ou de rencontres avec les lecteurs de mon roman, dans différents pays, j'ai soudain vu dans la foule quelqu'un lever le bras ou se mettre debout pour me demander : « Pourriez-vous nous dire quelle a été votre impression quand vous êtes arrivé à Paris ? » Chaque fois cette question me prend de court. La seule chose dont je me souviens, c'est la date : le 7 juillet 1983. Le reste est un brouillard compact. Le premier voyage en avion de mon existence, le douanier français, mon premier pas sur le sol de France, mon premier beau billet de cent francs, etc. À chaque fois, je bafouille, je transpire, je bégaie, gêné par cet indigne trou de ma traître mémoire, comme si j'avais peur qu'on me demandât de rembourser ma bourse d'étude universitaire.

Mais avec quelle émotion j'ai vécu, je vis et revivrai toujours cette matinée d'avril 2000, la première de mon retour à Pékin, après une longue, très longue absence.

J'avais quitté Paris la veille, avec mon directeur de production. L'objectif de notre voyage nous paraissait, à l'époque, aussi difficile que de cueillir une étoile perdue dans un dédale de cieux lointains : obtenir l'autorisation de tournage d'un film adapté de mon premier roman, dont le sujet touche à une page noire de l'histoire chinoise que les autorités de mon pays ne veulent pas évoquer : la Révolution culturelle. Les scénarios de mes deux films précédents avaient essuyé un refus sans appel de la censure chinoise, et j'avais été obligé de les tourner l'un dans les Pyrénées, l'autre au Vietnam.

Arrivés à Pékin très tard dans la nuit, nous sommes descendus à l'hôtel Cui Ming Zuang. Un nom composé de trois idéogrammes, qui exhale une odeur de vieux lettré : Cui, la couleur émeraude, Ming, la lumière, Zuang, la villa. Un ancien bâtiment rénové de cinq étages, à toit de tuiles bleues vernissées. Un grand Jupitus à écorce noire et crevassée, arbre typique de cette ville, se dressait au milieu de la cour, derrière le bâtiment entouré d'un mur d'enceinte gris, coiffé lui aussi de tuiles vernissées. Avant 1949, c'était, paraît-il, la résidence secondaire de Mei Lanfang, le plus célèbre chanteur d'opéra de Pékin. Il se trouve au cœur de la ville, à côté de la Porte est de la Cité interdite (où, il y a huit cents ans, Marco Polo arrivait avec sa caravane fatiguée de grands chameaux élancés à longs poils, lourdement chargés de sacs ronds remplis de cadeaux), tout près de la rue Wang Fujin, la vitrine étincelante sinon éblouissante de la Chine, qu'on voit aujourd'hui sur les écrans de télévision du monde entier.

Impossible de trouver le sommeil, cette nuit-là. Mon excitation était celle de la veille d'une grande fête, dans mon enfance, quand mon père allait nous emmener, mes cousins et moi, au sommet de Emei, une montagne sacrée du bouddhisme au Sichuan, pour assister au spectacle du lever du soleil.

Je me souviens encore aujourd'hui de la faim qui me torturait, cette nuit-là, dans ma chambre au cinquième étage de l'hôtel Cui Ming Zuang. Je n'avais presque rien mangé dans l'avion. Mon estomac gargouillait… Au dehors, des enseignes lumineuses clignotaient au-dessus d'une marée de buildings géants et modernes ; la silhouette aux traits vagues du pont aérien se dressait au-dessus des toits à tuiles fines, minuscules, souvent cassées, de quelques anciennes maisons basses aux lignes sinueuses et compliquées. « Comment ne vous vois-je pas, mes anciens amis, poètes dissidents reconvertis dans le commerce, peintres marginaux picolant cul sec dans un bar de jazz, ouvriers devenus chômeurs ? Où êtes-vous ? Et vous, mes parents, qui habitez dans une lointaine province, dormez-vous ? » Peu à peu, les images de ces personnages depuis si longtemps figés dans ma mémoire commençaient à se ranimer.

Dans le bourdonnement somnolent de cette immense ville, leurs images se mettaient à se mêler, se brouiller, se multiplier, même le gargouillement si régulier, liquide et chantonnant de mon estomac se mélangeait dans la nuit calme avec les bruits de chasse d'eau venant des chambres voisines, avec une toux lointaine… Il faisait froid dehors. J'ai jeté le mégot de ma cigarette par la fenêtre, et j'ai eu l'impression d'entendre, tel un insecte gelé qui tombe sur un sol dur, le bruit de son atterrissage.

À cinq heures du matin, je me suis retrouvé dans la rue, tout seul, excité. Il faisait encore noir. C'était une de ces matinées rares en cette saison, avec un ciel serein, mais sans étoiles (à cause de la pollution, il paraît que depuis des années, on ne peut plus voir les étoiles à Pékin). Je gardais le souvenir horrible du vent qui soufflait sur cette ville en soulevant du sable, énormément de sable, jusqu'à couvrir le ciel, la vue, et tout, mais, Dieu merci, il n'y avait pas de vent ce matin-là.

Malgré la basse température, une tiédeur a enveloppé mon corps dès que j'ai mis les pieds dehors. L'air était léger à respirer. La rue était mal éclairée par la lumière timide d'un ou deux lampadaires, enveloppée dans un gaz tantôt bleuâtre, tantôt argenté. Je me suis faufilé dans la pénombre, tel un enfant matinal. J'avais toujours aimé, dans mon enfance, me cacher dans la pénombre d'un placard, d'une couverture ouatée, etc. La rue était encore déserte ou presque. Je me suis imprégné d'odeurs familières : celle du charbon qui s'enflammait chez quelqu'un, celle de l'huile dans laquelle on faisait sauter des pâtes, la puanteur des égouts. Du lait bouillant qui débordait et sentait le brûlé. Je croisai un homme qui, un pot de chambre à la main, se dirigeait vers les latrines communes, une petite merveille de construction tapissée de carreaux blancs. Je le saluai. Il fut si surpris que le pot de chambre émaillé étincelant, en forme de crachoir, faillit s'échapper de sa main somnolente, en faisant entendre un clapotis confus. Plus loin, un chat escaladait un mur. Je l'ai appelé. Il est venu. Et quand je l'ai caressé, j'ai été touché par le sentiment « d'être rentré chez moi », vague comme une réminiscence de ma lointaine enfance.

Au cours de mes études à Paris, j'ai habité à Concordia, une résidence universitaire proche de la rue Mouffetard. Pendant un an, j'ai partagé une chambre avec un ami chinois, étudiant en architecture. Sur l'un des murs, il avait accroché un ancien plan de sa ville natale : Pékin. C'était une lithographie. Elle faisait apparaître un panorama à vol d'oiseau de l'ensemble de la Cité impériale (qui entourait la Cité interdite) avec ses quatre portes, et la porte Tian Anmen qui était au centre. Sur le fond de cette carte, noirci à l'encre de Chine, la profusion tumultueuse des hutong, les petites ruelles de Pékin, était rendue par des lignes de couleur blanche qui formaient comme une toile d'araignée, avec une netteté digne des meilleures gravures. Les lignes, souvent toutes droites, se croisaient, se répandaient d'est en ouest et du nord au sud. Parfois, elles devenaient un ruban souple qui serpentait pour contourner des lacs, taches blanches parsemées çà et là comme des perles nacrées et romantiques. Quelquefois, ces lignes droites étaient coupées par des ponts, des villas, des résidences aristocratiques, ou se fondaient dans des terrains marécageux. Sur chaque trait blanc représentant un hutong figurait un nom en écriture de l'époque, toujours paré d'une grande noblesse. Nous, le futur architecte et moi-même, adorions les noms de ces hutong. Nous avions un petit réchaud électrique sur lequel, de temps en temps, nous faisions de la cuisine chinoise « en cachette », car le règlement de la résidence interdisait strictement de cuisiner dans les chambres. Nous fermions la porte et la fenêtre, et pendant que le riz bouillait dans la petite casserole et que son odeur familiale se répandait dans la chambre, l'un de nous coupait les légumes et la viande, et l'autre lisait à voix haute les noms des hutong de la carte. Nous étions aussi myopes l'un que l'autre. De temps en temps, la vapeur du riz ou des plats sautés dans l'huile embuait les verres de nos lunettes. On les enlevait, on les essuyait avec un pan de chemise, et on continuait à lire. Certains noms, par la composition de leurs idéogrammes, brillaient d'une élégance aux nuances exquises, d'autres nous envoûtaient par leur sonorité tantôt subtile, tantôt sensuelle, tantôt exubérante, surtout prononcés par mon ami au joli accent purement pékinois. Parfois, quand je les lisais, ou quand j'écoutais mon ami, j'avais le sentiment de me promener dans ces petites rues et d'y voir un homme à bicyclette, coiffé d'un bonnet de fourrure, flotter jusqu'à moi ; ou de passer devant un vieux qui jouait aux échecs avec un voisin, sur le pas de sa porte, et qui, levant la tête de son échiquier crasseux, maculé d'huile, me faisait un clin d'œil.

Alors qu'en ce petit matin d'avril 2000, je me trouvais seul près de la Porte est de la Cité interdite, je me rappelais parfaitement la topographie du quartier minutieusement dessiné par le graveur de l'ancienne carte, et surtout ce détail formé par trois idéogrammes en écriture courante, au croisement de la rue de la Rive sud et de l'artère de la Porte est : le Pavillon de la Joie de l'est. Ce nom était resté dans ma mémoire parce que j'avais lu dans le *Journal intime* de Lu Xun, un de mes livres de chevet de l'époque, qu'il avait déjeuné deux fois avec Hu Shi, son ennemi juré (imaginez Sartre qui déjeune avec Mauriac), dans ce pavillon qui était l'un des huit restaurants les plus célèbres de l'ancien Pékin. Il fallait entendre ce nom prononcé par mon ami le futur architecte : « Dong Xin Lu » ; toute la saveur de la cuisine impériale, objet des envies et de la convoitise d'un pauvre étudiant, sonnait dans ces trois mots. (Pour moi, qui suis originaire du Sichuan, il est impossible de distinguer le « l » du « n », et je n'ai jamais pu les prononcer correctement.) Selon lui, ce restaurant fut ouvert au début du XXe siècle par un eunuque surnommé « le beau grand-père He », qui avait servi l'empereur pendant des années comme coiffeur. Quelques-uns de ses plats, qu'il excellait à réaliser à partir de recettes secrètes de la cour, étaient réputés dans toute la capitale : pattes d'ours mijotées en marmite de terre ; ailerons de requin aux nids d'hirondelles ; concombres de mer à l'huile rouge, extraite de carottes ; poule sautée à la sauce de soja fermentée. Préparée par lui, la chair de poule était aussi tendre, blanche et délicate que des pétales de lys en automne.

Où es-tu, Pavillon de la Joie de l'est ? J'ai entièrement parcouru la rue de la Porte de l'est, sans trouver le moindre restaurant portant ce nom prestigieux. D'ailleurs, à cette heure, ils étaient tous fermés. Ironie des choses, les seules boutiques ouvertes de cette rue étaient justement des salons de coiffure. Mais qui avait envie de se faire couper les cheveux à cinq heures du matin ? Je me suis approché. À travers les vitrines et les portes vitrées, je vis des jeunes filles lourdement maquillées, en mini-jupe, soutien-gorge et slip en résille noire, assises de guingois sur des canapés, qui jouaient au mah-jong sous une lumière rouge sang, ou bavardaient autour d'un chauffage. Une de ces fausses coiffeuses a ouvert la porte et m'a appelé. Elle m'a proposé d'entrer pour m'amuser avec elle, ou elles, avec ou sans préservatif. Je l'ai remerciée et lui ai dit que je cherchais le Pavillon de la Joie de l'est, créé par un ancien mais véritable coiffeur. Elle ne le connaissait pas. En m'éloignant, je l'ai entendu crier derrière moi : « Reviens, je te ferai un bon prix. »

Adieu, hélas ! monde du vieux plan de la lithographie. Adieu, hélas ! toile d'araignée des hutong, ces petites ruelles qui formaient la chair et les os de Pékin depuis la dynastie des Yuan, vers 1200, à l'époque de Marco Polo. En marchant dans ce quartier, je me demandais si quelqu'un avait noté combien de hutong avaient déjà disparu. Mille ? Deux mille ? Peut-être plus, si on comptait les petits hutong, les ruelles des ruelles. Celles qui restaient étaient complètement métamorphosées, méconnaissables. Elles étaient considérablement élargies, bordées d'immeubles en béton de dix ou vingt étages, dont certains étaient encore en construction. Le vrombissement des bulldozers qui faisaient le va-et-vient dans les chantiers résonnait dans l'air froid de Pékin comme un tonnerre ouaté, témoignant jour et nuit du triomphe du capitalisme. Les faisceaux de leurs phares étaient si puissants que les quelques lampes allumées dans les anciennes maisons basses isolées qui attendaient d'être démolies à leur tour, avaient l'air de pauvres flammes de bougies presque consumées exhalant leur dernière lumière, leur dernier souffle de chaleur.

S'il n'y avait pas eu de décalage horaire, j'aurais appelé mon ami de Concordia, devenu aujourd'hui architecte à Paris, sur le point de créer son propre cabinet. Je me souvenais des nuits d'insomnie, dans notre chambre, au cours desquelles il se mettait à parler des hutong de Pékin et des pâtés de maisons basses en briques grises, avec une cour carrée, tellement serrées les unes contre les autres qu'elles finissaient par former d'autres hutong, d'autres voies de circulation. Il décrivait le grand arbre à kakis exubérant, dressé au milieu de la cour de sa maison, dont une partie des branches feuillues débordait du mur, et l'autre, sous le poids des fruits, ployait et ployait tant qu'on s'attendait à la voir écraser le toit de tuiles de la demeure. Ou encore comment, dans son enfance, il avait vu, en plein hiver, le chat du voisin venir faire la cour à une chatte de sa maison, et les avait regardés copuler sur le toit enneigé. Ses plus beaux souvenirs étaient les cris des petits vendeurs ambulants qui, du matin au soir, venaient les uns après les autres sur des bicyclettes chargées, de chaque côté du porte-bagages, de lourds sacs de victuailles. Il savait imiter à merveille les cris des vendeurs de patates douces grillées, avec un cœur jaune tirant sur le rouge, bien meilleures que les marrons ; des vendeurs d'abricots aigres et sucrés, qui faisaient saliver en été ; des galettes frites dans l'huile, chaudes et craquantes ; d'escargots de rizières, salés et épicés ; de carottes séchées, couvertes de piment ; de brioches à la vapeur ; de fromage de soja puant ; de plantes aphrodisiaques censées vous faire pisser plus haut que le poteau électrique… Hélas ! Hélas ! Ne me parlez plus jamais de cette lithographie du plan de la Cité impériale ! Oublions tous ces noms de hutong, si riches en consonnes rétroflexes, que seuls les natifs de Pékin peuvent prononcer, si riches en diphtongues et autres sonorités exquises.

J'avais de plus en plus faim, mais impossible, en cette heure matinale, de trouver quelque chose à manger dans les rues méconnaissables de la Chine nouvelle. Je me suis complètement perdu dans le *no man's land* des grands magasins de luxe Gucci, Dior, Chanel, Lacoste, L'Oréal, avec leurs drapeaux rouges flottant à l'entrée, leurs vitrines illuminées, flamboyantes, exhibant des mannequins de type occidental, des femmes blondes aux yeux verts ou bleus, des beaux athlètes noirs et musclés, des photos miroitantes, grandeur nature, de Zidane, Beckam, Ronaldo... Il faisait encore nuit. Je ne pouvais continuer à marcher le ventre vide sans me rappeler la ruelle de la Figue – « mon Pékin à moi », où j'étais sûr que les petits restaurants de quartier seraient ouverts à cette heure-ci, grouillants de travailleurs pressés, qui y boiraient leur premier bol de lait de soja chaud, accompagné de brioches à la vapeur.

La ruelle de la Figue se trouvait près de la Porte nord de la Cité interdite. Elle commençait précisément au coin où les murailles du palais tournaient vers l'est, à l'angle où se dressait une tour de guet en bois sculpté. Elle se faufilait entre le fossé de rempart et le haut impérial qu'elle suivait sur un kilomètre, jusqu'à la rue de l'Étang du sud où, à toutes les époques, vivaient les personnalités.

Pour accéder à la ruelle de la Figue, il fallait franchir le pont de la Porte nord de la Cité interdite, qui enjambait le fossé de rempart, où une large rivière coulait au pied de la colline de Charbon. (Selon la légende, un passage secret, creusé au-dessous de la résidence de l'empereur, passait par l'intérieur de ce pont, montait jusqu'au milieu de la colline de Charbon, et débouchait en un lieu quelconque, camouflé sous un arbre anodin.) Après le pont, un ruban de terrain boisé longeait le fossé de rempart, sous les murailles de la Cité, jusqu'au début de la ruelle de la Figue. À l'époque de Mao, ce discret ruban de terre était, à Pékin, le paradis secret de l'amour. Il n'y avait pas de lampadaire. Chaque soir, après le crépuscule, lorsque la nuit tombait, des couples d'amoureux pékinois, hommes et femmes, garçons et filles, célibataires résidant dans des dortoirs collectifs, s'enfonçaient dans les bosquets et s'abritaient sous le feuillage exubérant pour échanger dans la pénombre un premier baiser, de fougueuses embrassades ou des caresses exaltantes, bref, tous les bonheurs sensuels procurés par la chair de l'autre.

Au début des années 1980, un de mes amis originaire du Sichuan, encore plus myope que moi, avec des lunettes aux verres aussi épais qu'un cul de bouteille, habitait dans la première maison à cour carrée de la ruelle de la Figue, juste au-dessous de la tour de guet. À cette époque, il travaillait au musée de la Cité interdite, dans le département des expositions. Il m'a logé pendant dix mois, dans une chambre qu'il partageait avec cinq de ses collègues du musée, tous célibataires et désargentés. Il n'y avait qu'une table en bois dans cette chambre, qui servait à la fois de bureau et de table à manger. Durant tout mon séjour, elle me servit chaque nuit de lit, un lit dur, crasseux et trop court, mais quelle générosité de la part de mon ami. C'était la période où il venait de lire *L'Interprétation des rêves*. Il était tombé fou amoureux de Freud. En échange de son hospitalité, je lui racontais mes rêves, chaque fois que je me réveillais en pleine nuit. Il se levait et, assis sur son lit, le torse nu, maigrichon, il chaussait ses lunettes et notait mes rêves. Il était tellement myope que le bout de son nez touchait presque les feuilles de son cahier. Après quoi, c'était un rituel, il les analysait avec un sérieux tout académique. Parfois, quand je ne parvenais pas à trouver le sommeil, j'inventais un rêve et le lui racontais. Il le notait, puis, en roulant du tabac dans une feuille de papier, il réfléchissait et me donnait son interprétation freudienne, en fumant sa cigarette roulée. Je l'écoutais jusqu'au bout, puis éclatais de rire en lui disant qu'il s'était encore fait avoir, et je m'endormais. Qu'est-ce qu'il pouvait être furieux ! Le lendemain, il boudait comme un gamin, mais il ne m'a jamais chassé.

À cette époque, j'étudiais l'histoire de la peinture à l'école des Beaux-arts, et je m'initiais, au musée du Palais impérial, à l'expertise des tableaux chinois, ce que je croyais devoir être mon futur métier. Le soir, après avoir franchi la Porte nord de la Cité interdite (avec le sentiment de marcher au-dessus du passage secret) et traversé le paradis des amoureux où, de temps à autre, les phares d'un bus qui passait de l'autre côté du fossé de rempart faisaient apparaître dans l'obscurité les silhouettes de couples figés dans leur étreinte, je rentrais chez lui, rue de la Figue. Il avait acheté son repas et le mien à la cantine du musée, et nous dînions en intellectuels. Il me parlait de philosophes, de Platon à Sartre (personne, bien sûr, n'était aussi génial que Freud). Le dimanche, si on avait de l'argent, on achetait de la viande de mouton, qu'on découpait en fines tranches, et on invitait ses colocataires et d'autres amis à partager une fondue sichuanaise : dans une marmite, bouillait une soupe extrêmement pimentée et épicée. Chacun prenait une tranche de viande et la plongeait dans ce bouillon jusqu'à ce qu'il sentît une vibration au bout de ses baguettes. On buvait de la « deuxième distillation », l'alcool le moins cher du marché, qui faisait 60 degrés. Après trois verres, pris d'une légère ivresse, je ne pouvais m'empêcher de faire la démonstration de mon seul talent de l'époque : la mémoire. Je pouvais réciter un texte de trois pages, après l'avoir lu trois fois. Je me régalais souvent à leur réciter de courts textes de Borges, mon idole de toujours, des récits qui ressemblaient à des pièces de monnaie, réelles, compactes, qui brillaient. Mais à la fin de chaque mois, quand nos portefeuilles étaient vides, nous achetions des concombres à cinquante centimes le kilo, les coupions en petits cubes ou en losanges, les mettions dans une cuvette et les saupoudrions d'une fine neige de sel. Chacun mangeait avec ses doigts, tout en buvant et discutant. Je me souviens encore de la cuvette de mon ami le futur psychanalyste : en émail blanc avec, dessinée sur le fond, une pivoine rouge aux feuilles vertes. Par endroits, l'émail était écaillé. C'était la cuvette dans laquelle, chaque soir, il lavait ses pieds osseux à l'eau chaude, avant de se coucher. L'alcool de la « deuxième distillation » était trop fort. Il brûlait la gorge, et le lendemain matin, je me réveillais souvent à côté de deux ou trois copains, avec la gueule de bois. On s'asseyait sur la table-lit-bureau, et on regardait par la fenêtre la fille boiteuse du voisin sortir de chez elle en claudiquant. Ses bottes rouges marquaient de traces de pas le drap blanc et scintillant de la neige, jusqu'au milieu de la cour où elle ouvrait le robinet d'eau pour laver des légumes.

C'était au début des années 1980, Mao était mort, la révolution aussi. C'était l'âge d'or de Pékin, qui n'était pas encore polluée. L'air était pur. Quand vous passiez au pied du temple de la Pagode blanche, vous entendiez un vieux moine agiter des clochettes en priant. Quelques années plus tard, mon ami sichuanais m'a rejoint à Paris. Le jour de son arrivée, il écrivit un poème qui commençait ainsi : « La pluie continuelle de Pékin tombe sur la rue de Ménilmontant. »

Par cette matinée de mon retour, en arrivant au pont de la Porte nord de la Cité interdite, je ne vis pas la maison basse à cour carrée de mon ami. Comment était-ce possible ? Ma vue avait-elle tellement baissé ? Les verres de mes lunettes étaient-ils embués ? Je scrutais de nouveau les lieux. Non. Elle n'était plus là. Elle était partie. La maison était partie. La ruelle de la Figue aussi. Une rue entière, avec ses pâtés de maisons anciennes, avait disparu, était rayée de la carte. Le paradis des amoureux n'avait pu, lui non plus, échapper au destin de la mort subite : il était remplacé par un parc aseptisé, avec autos tamponneuses.

« Mon Pékin à moi » avait en quelque sorte été enseveli par une tempête de sable. Je recevais un choc, c'est entendu, mais surtout, le vide de plus en plus tenaillant de mon estomac me faisait tourner la tête. Je me suis perdu. Il n'est jamais désagréable de se perdre dans une ville inconnue. J'observais le nouveau Pékin, sans hostilité, mais avec une certaine curiosité. Je ressemblais à un montagnard qui mettait les pieds dans une capitale et lisait, ébloui, les enseignes, les noms des magasins, des petites boutiques, des groupes financiers, des sociétés immobilières, des cliniques de chirurgie esthétique qui promettaient de grossir les seins, de rehausser le nez, de débrider les paupières, des salons de coiffure louches à lumières rouges, des salons de massage thaïlandais ou indien, des saunas finlandais, des bains turcs, des grillades brésiliennes, des réclames de bains de pieds à base de quarante plantes tibétaines, des boutiques de produits aphrodisiaques qui s'appelaient toutes magasins « de la contraception et de la santé des adultes », des sex-shops proposant des gadgets plus vrais que nature, des acupuncteurs qui promettaient de guérir les bègues, des restaurants avec des aquariums éclairés par des lumières tamisées et recherchées, dans lesquels nageaient des crabes à longues pinces, des tortues molles à vertus curatives, des langoustes étranges… J'étais stupéfait par le nombre de mots dans lesquels figurait la clé de l'or (ou ses équivalents : jade, richesse, prospérité…), ainsi que par le grand triomphe de la langue anglaise. (À un moment, mon téléphone portable a sonné. C'était un ami qui tournait un documentaire dans un temple bouddhique, au Gansu. Il m'a dit qu'il était en train de manger dans un McDonald's. J'étais allé deux fois dans ce temple. Il se trouvait à 4 000 mètres d'altitude, au sommet d'une montagne enneigée toute l'année. Vous vous rendez compte de l'ampleur extraordinaire du succès : à 4 000 mètres d'altitude, on mangeait des Big Macs !)

J'avais l'impression que la ville m'observait elle aussi, mais d'un œil dénué de curiosité. Ce n'était pas non plus un œil de policier, mais un œil de commerçant expérimenté, extrêmement méticuleux dans ses comptes, qui jauge chaque client entrant dans sa boutique. Un œil professionnel et intéressé.

Cette identité d'étranger, pire, de client étranger, m'était insupportable. Je ne suis pas Européen. Je ne suis pas Français. Je sentais qu'une menace me guettait. Que me resterait-il, si j'étais étranger chez moi, dans mon propre pays. Le sentiment d'être un déraciné, une ombre abandonnée…

Soudain, sans savoir pourquoi, j'ai accéléré le pas, j'ai pris mon élan et me suis lancé dans une course solitaire, désespérée, frénétique, qui prit bientôt une allure folle. Comme un enfant perdu courant dans la montagne. Une course pour exorciser le malheur. Il faisait encore nuit. Des voitures me précédaient, d'autres me croisaient. Feux arrière rubis, brasillants. Phares avant éblouissants. Je respirais mal. Mes jambes, de manière insolite, m'échappaient presque, désobéissaient à ma volonté de vitesse, refusaient parfois de prendre la direction que j'avais choisie. Je me laissais porter par elles.

À un moment, j'eus l'impression de pénétrer dans une ruelle que je connaissais. J'ai ralenti le pas. C'était un hutong nommé Xi La (un nom mandchou), qui coupait l'artère du Marché des Lanternes. Une ruelle célèbre, parce que, dans sa jeunesse, l'impératrice Ci Xi y avait habité. Bien que sa résidence eût disparu depuis longtemps, faisant place à un centre dentaire, la ruelle gardait encore un aspect humain. Deux vieillards d'un autre temps accompagnaient un petit garçon vers une école lointaine. Ils portaient tous les deux les mêmes pantalons trois fois rembourrés (ne les quitteront-ils, comme avant, qu'à la fin du printemps ?) Un homme à bicyclette flottait vers moi. Au bout de la rue, plus large, j'ai vu deux ou trois femmes, des paniers à la main, entrer dans un bâtiment en ciment de deux étages, apparemment anodin, sans enseigne ni décoration. Les deux battants de la vieille porte, d'une couleur indéfinissable, étaient fermés. Mais devant, étaient garés une dizaine de taxis serrés les uns derrière les autres, certains garés sur le trottoir.

Par curiosité, j'ai poussé les battants de la porte et suis entré. Tout de suite, je fus saisi par une bouffée d'air tiède. Au rez-de-chaussée, s'étendait un marché de légumes, de viande, d'œufs, d'épices, de fruits. Au pied d'un escalier étroit, abrupt, qui menait au premier étage, j'aperçus une pancarte où se lisaient ces mots : « les plus célèbres casse-croûte de nos provinces ». Quelle chance, me dis-je, de pouvoir goûter à ce qui fait les délices des chauffeurs de taxi de Pékin, qui sont sûrement de loin les meilleurs connaisseurs des bonnes adresses de la ville.

Tout l'étage, mal éclairé, pourvu de stands sommaires enveloppés d'une gaze de vapeur blanche, certains plus obscurs que d'autres, était imprégné d'une puissante odeur de cuisine, d'aromates de provinces lointaines, et même d'encens. Complètement subjugué, j'étais comme un enfant qui, dans un magasin de jouets, promène partout ses grands yeux éberlués. Quel embarras du choix ! Affamé, j'ai pris une brioche à la vapeur accompagnée de foie sauté, le petit déjeuner le plus populaire parmi les Pékinois, qui le saupoudrent toujours d'une couche d'ail finement haché ; puis j'ai commandé une « croûte brûlée » de Tianjin, sorte de crêpe croustillante à la farine de haricots mungo, en forme de feuille de saule ; une soupe de boulettes de poisson du Fujian, avec des boulettes de chair d'anguille de mer toute fraîche, enrobées d'une pellicule de farine mince comme une feuille de papier, délicatement cuites, ni trop tendres ni trop dures, mais fondant dans la bouche, et une soupe longuement mijotée avec des crevettes, des champignons, des calamars et des moules ; des galettes de sésame de Shanghai ; des navets frisés de Hongkong ; des raviolis de ciboule chinoise ; des nouilles du Sichuan… Je ne sais plus combien de plats j'ai pris, tous plus délicieux les uns que les autres. Ma table était pleine d'assiettes et de bols, mais je continuais de commander. Soudain, quelque chose que je venais de mettre dans ma bouche a stoppé cette orgie, réveillant un souvenir très lointain, refoulé au plus profond de ma mémoire, que je ne parvenais pas à localiser.

C'était un petit gâteau de farine de riz gluant, laiteux et translucide comme un pétale de lotus, cuit à la vapeur et sucré. Il avait une exquise odeur de pin. Je supposais que le fond du panier dans lequel il avait été cuit était tapissé d'une couche d'aiguilles de pin rouge ; quelques-unes étaient d'ailleurs restées incrustées dans la peau du gâteau. Tout en le dégustant, j'essayai en vain de me rappeler d'où je connaissais ce goût, cette odeur, cette vague nostalgie. Ma bonne mémoire de futur historien de l'art m'avait depuis longtemps abandonné.

Une chose était sûre, remarquai-je, par la diversité de sa clientèle, la physionomie de ses vendeurs cuisiniers, dont les plus vieux, dignes mais assez joyeux et souriants, gardaient les yeux baissés, et les plus jeunes servaient les clients en criant à haute voix, cet endroit ressemblait à une maison de thé de ma province natale, le Sichuan.

Incontestablement, celui qui avait le mieux écrit sur ce sujet était Lao Shi, dont certains dialogues plus vrais que vrais de sa pièce de théâtre *La Maison de thé* faisaient désormais partie du patrimoine culturel des Chinois. Mais il s'agissait là d'une maison de thé pékinoise. Celles de Hongkong se distinguent par l'abondante diversité des collations que de jeunes serveuses poussent sur des chariots. Quant à celles du Sichuan, leur particularité est qu'au milieu de la salle se tient un conteur, dont la voix est noyée dans le brouhaha général des voix, et qui n'est le plus souvent qu'une partie du décor.

J'avais neuf ou dix ans. Chaque jour, après l'école, sur le chemin du retour, je passais devant une maison de thé, dans la rue de la Petite Inde. Elle avait des murs en bois et un sol en terre battue éternellement jonché de peaux de cacahuètes et de graines de tournesol crachées par les clients. J'étais attiré par les deux vieux conteurs vêtus de longues robes traditionnelles, bleu délavé, qui tenaient une planchette de bois à la main. L'un des deux excellait dans les histoires de brigands légendaires d'« au bord de l'eau », et l'autre dans celle des « Trois Royaumes ». Je les écoutais, fasciné, jusqu'au jour où, initié par eux, je devins moi-même un petit conteur amateur.

Le premier petit déjeuner de mon retour à Pékin touchait à son terme, lorsque je mordis quelque chose de dur, profondément enfoui dans le gâteau à la vapeur qui sentait le pin.

C'était un jujube rouge.

Je l'ai dégusté du bout de la langue.

À cet instant, je me suis rappelé ce qui n'avait pu me revenir à l'esprit tout à l'heure. Bien sûr. Le gâteau à la vapeur de Xian ! Le bonheur de mon enfance, avant la Révolution culturelle, et cette maison de thé de la rue de la Petite Inde ! Dans l'après-midi d'un lointain dimanche, pour la première fois de ma vie, j'étais monté sur la scène sommaire du centre de la maison de thé, devant une centaine de clients. D'une main tremblotante, j'avais frappé longuement et frénétiquement la planchette de bois sur la table, jusqu'à ce que se fût atténué le brouhaha des bavardages. Puis j'avais commencé mon récit. Je ne me rappelle plus aujourd'hui ce que j'ai raconté ce jour-là. Un épisode de « au bord de l'eau », des « Trois Royaumes », ou l'histoire des espions communistes qui s'appelait « le rocher rouge » ? La seule chose dont je me souvienne, c'est que dès que les phrases étaient sorties de ma bouche, j'étais devenu quelqu'un d'autre. L'auditoire, de plus en plus attentif, riait, m'interrompait pour me poser des questions ou faire des commentaires, et riait de nouveau, complètement conquis. Environ un quart d'heure après, à l'instant où la tension dramatique atteignait son paroxysme, je m'étais arrêté, à l'exemple de mes maîtres. J'étais descendu de la scène, une assiette en métal à la main, et avais demandé aux spectateurs un geste de gentillesse. Avec un bruit cristallin, les pièces de monnaie étaient tombées dans l'assiette. J'étais remonté sur la scène et avais continué… La séance terminée, j'avais couru, couru, ivre de joie jusqu'à la maison, pour donner à ma mère tout ce que j'avais gagné : trois yans. Elle m'a emmené dans la rue, et m'a acheté un gâteau à la vapeur. Le vendeur était un vieil homme à l'accent de Xian. Quand ma mère, bouleversée et fière, lui a dit que son fils de neuf ans était devenu conteur, il m'a félicité. « La prochaine fois, m'a-t-il dit, je te ferai un gâteau à la vapeur, spécialement pour toi, avec encore plus de jujubes de Xian dedans. »

Rouge sang, salé, sucré, amer, ce jujube millénaire de mon enfance est ma Chine à moi, ma Chine retrouvée.

Heureux.

Dai Sijie

市文化局
18

装模特
13
16

孙铁民
張常明
馬存益
赵振
秦和珍夫人
郑伟民
苏毅然
宋法棠

張正仪
崔承峰
苏毅然夫人
孙 銘
洪
王众音
馬大瑞
李锡铭

Apprendre est la clé du problème.

Une route se trace avec les gens qui y marchent.

Le passé éclaire les générations à venir.

Les vérités désagréables sont souvent les plus utiles.

Dérober un livre n'est pas voler.

Le savoir écarte le doute, la bonté l'inquiétude, la bravoure la peur.

L'échec est le fondement de la réussite.

La plus grande faute est celle que l'on ne corrige pas.

Ne pas craindre d'être méconnu des hommes,
craindre de les méconnaître.

Ce que l'on apprend dans l'enfance
Est mieux gravé que dans la pierre.

Qui sait qu'il ne sait pas, éduque-le.
Qui sait qu'il sait, écoute-le.
Qui ne sait pas qu'il sait, éveille-le.
Qui ne sait pas qu'il ne sait pas, fuis-le.

Qui veut gravir une montagne commence par le bas.

Ne pas lire depuis longtemps, c'est perdre un ami.

Sous le ciel, tous les hommes sont frères,
seules les cultures diffèrent.

Qui a de l'argent sans enfant n'est pas riche ;
qui a des enfants sans argent n'est pas pauvre.

Rire trois fois par jour rend inutile tout médicament.

Qui aime apprendre est près de savoir
Qui aime demander conseil grandira.

La parole est une clé qui ouvre les cœurs.

Ces derniers temps, ai-je été heureux ?

Le bon chemin est jalonné de sources.

L'étude est une épouse aussi belle que le jade.

La vérité a mille visages.

Toujours étudier comme si le temps était compté et le but inaccessible.

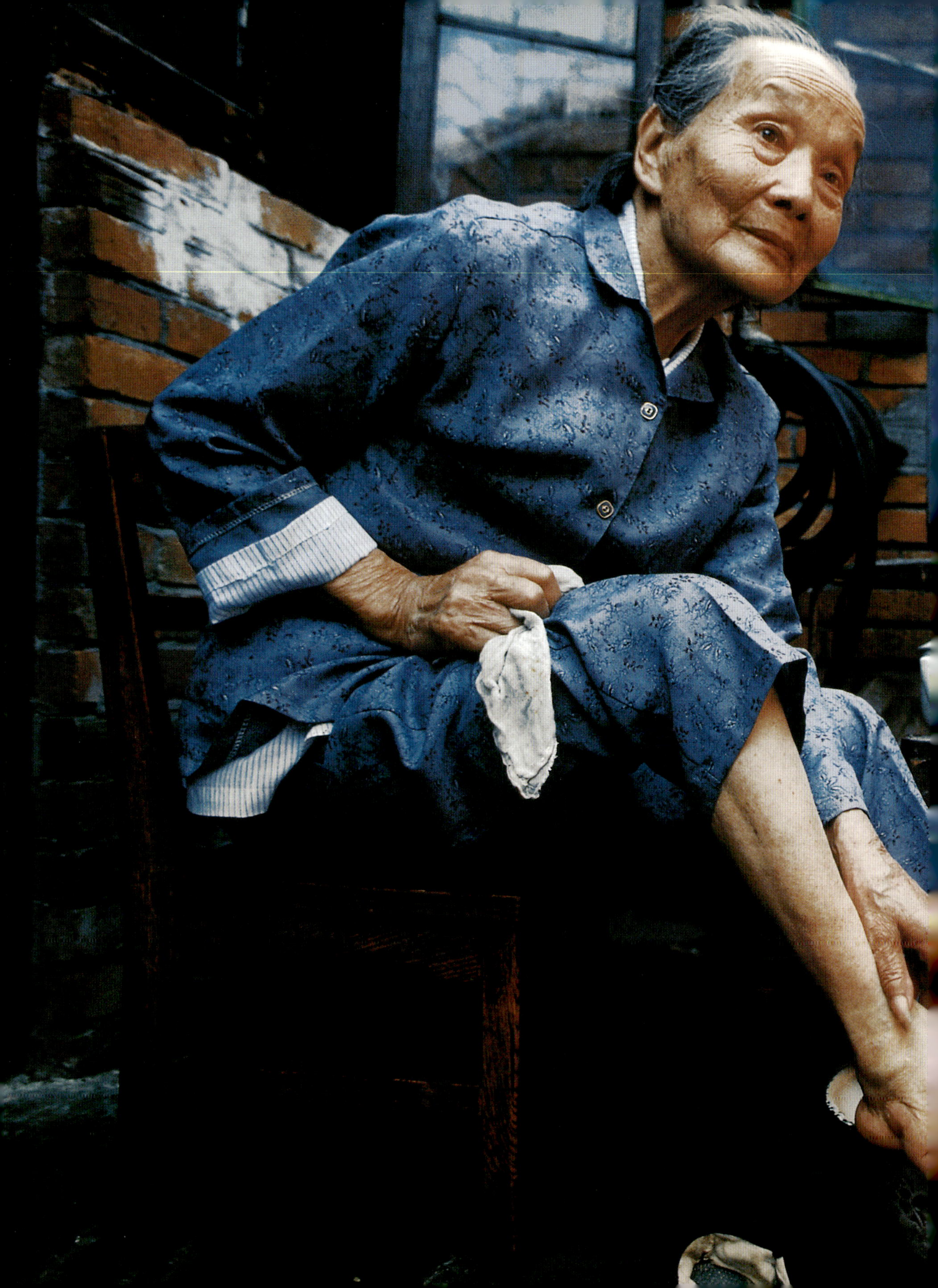

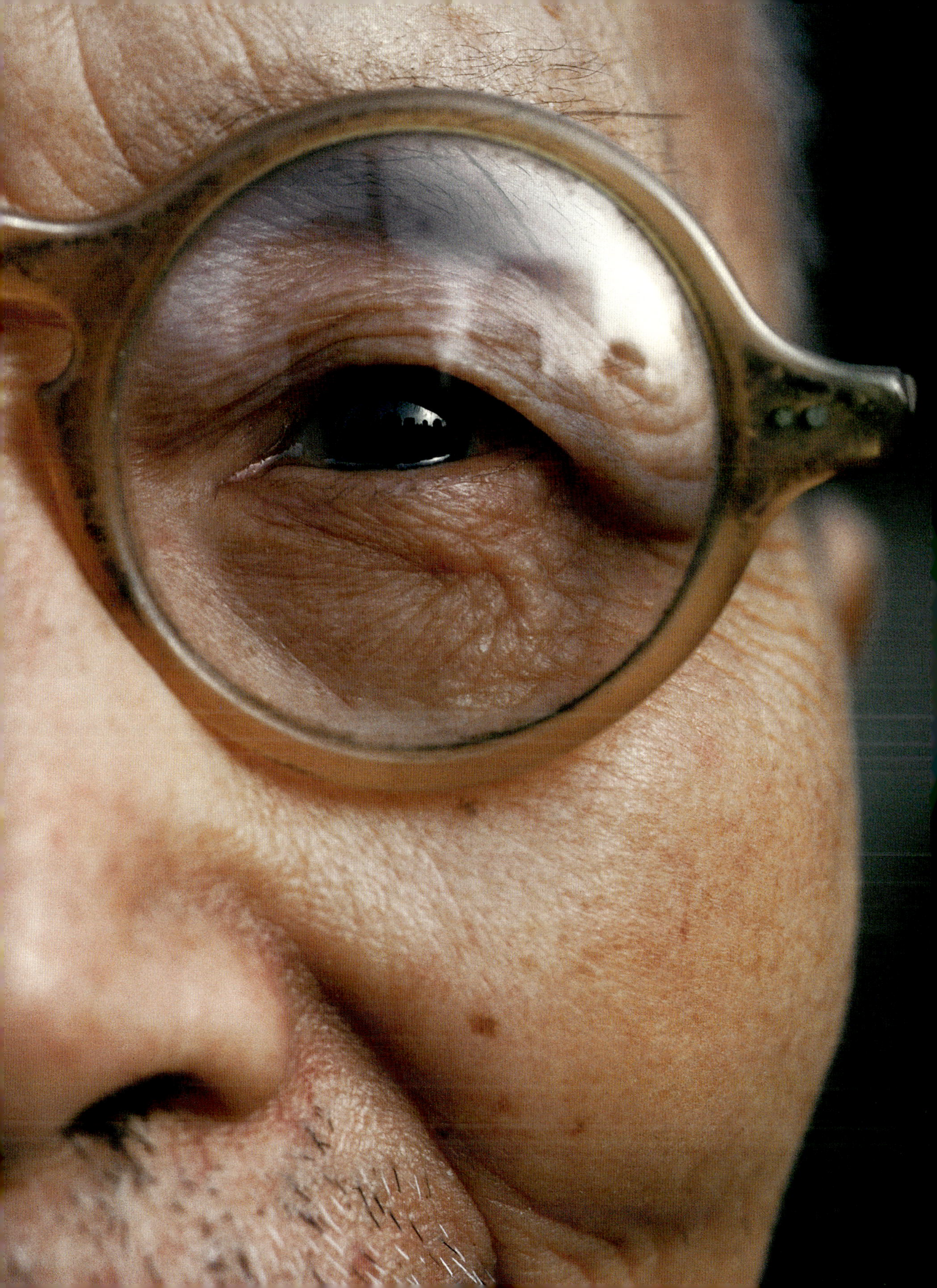

OK

北戴

南山

OCHANG
上海
TELEPHONE
TELEPHONE
TELEPHONE

樂樂辰商城
LELECHEN SHOPPING CENTRE
KFC
ROLEX
2001
Sale
29
Ovaltine

侨友商店

汽车与你
汽车之友
车迷
CAR & MOTOR
CAR AND DRIVER
CMN
成功营销
SUCCESS MARKETING
市场
环球市场
理财周刊
经营者
财富
时代财富
商界
SHANGJIE
中国营销模式经典
销售
视觉
新经济
家用电脑
微电脑世界
通信
COMMUNICATIONS
CHIP 新电脑
电子&电脑
大众电脑
POPULAR COMPUTER FAN
PC 个人电脑
PC MAGAZINE
新潮电子
电脑爱好者
电脑应用精萃
电脑时空
新浪潮
大灰狼
Big Grey Wolf
米老鼠
卡通王
中国漫画
漫画公主
精典漫画
新漫画速递
漫友
动物占卜通
游戏同志
游戏时代
电脑应用技巧
数字时代
PC Shopper
新世纪
少年漫画
月刊
2001

影音博览
SPORTS & LEISURE
NBA时空
轻音乐
Film
银幕
Basket
奥特曼大全
艾斯
爱迪
杰克
赛文
科学世界
PREGNANCY & PARENTING
大众优生 杂志
电话卡 上网卡 IP卡
神州行 如意通 储值

公

开创
的新

12
9
3
6

为了实现四个现代化一对夫妇只生一个
胶版印刷厂、沈司修

沈阳市和平区胜利街一段
中国人民解放军辽宁省军区后勤部招待所

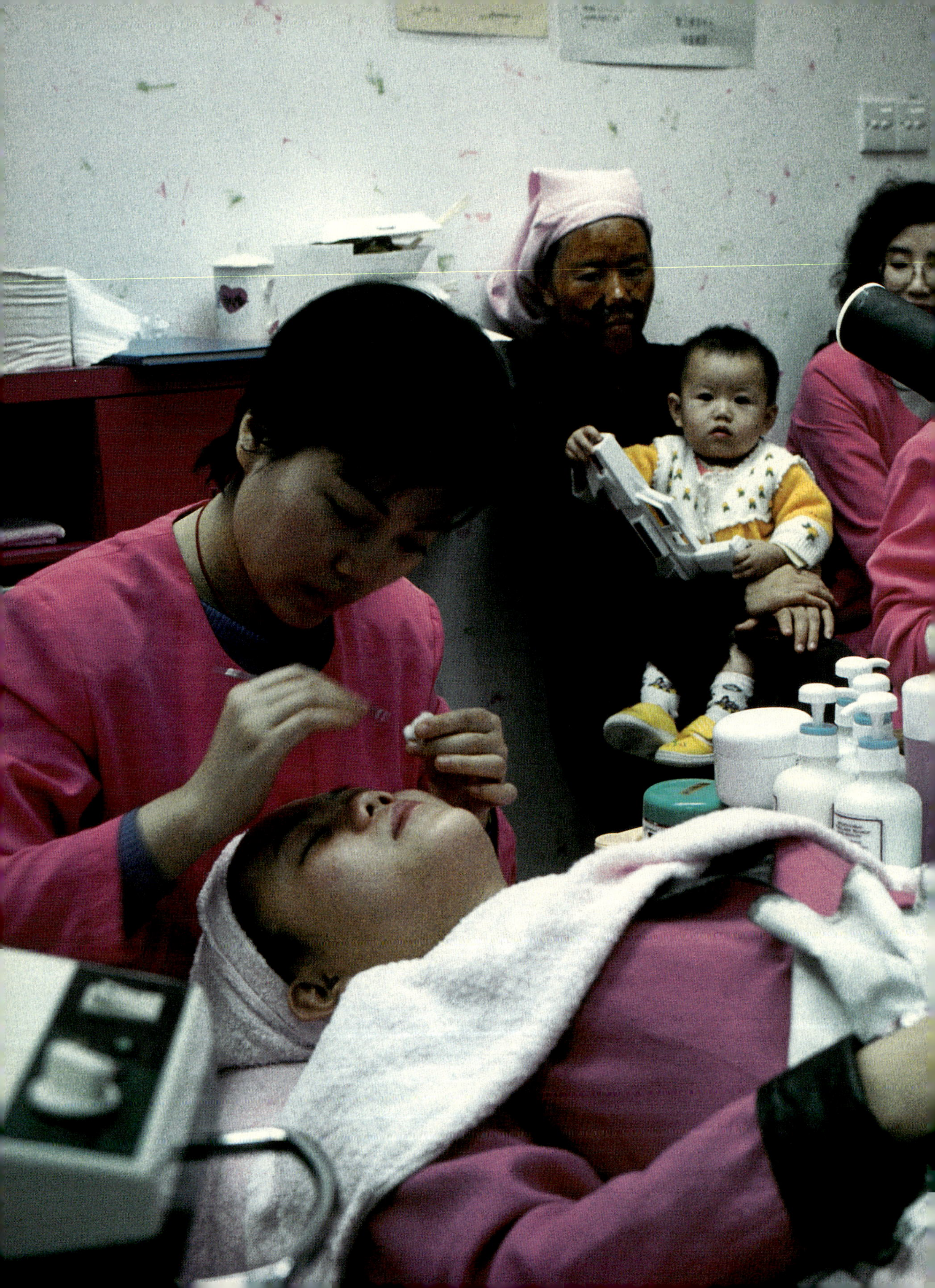

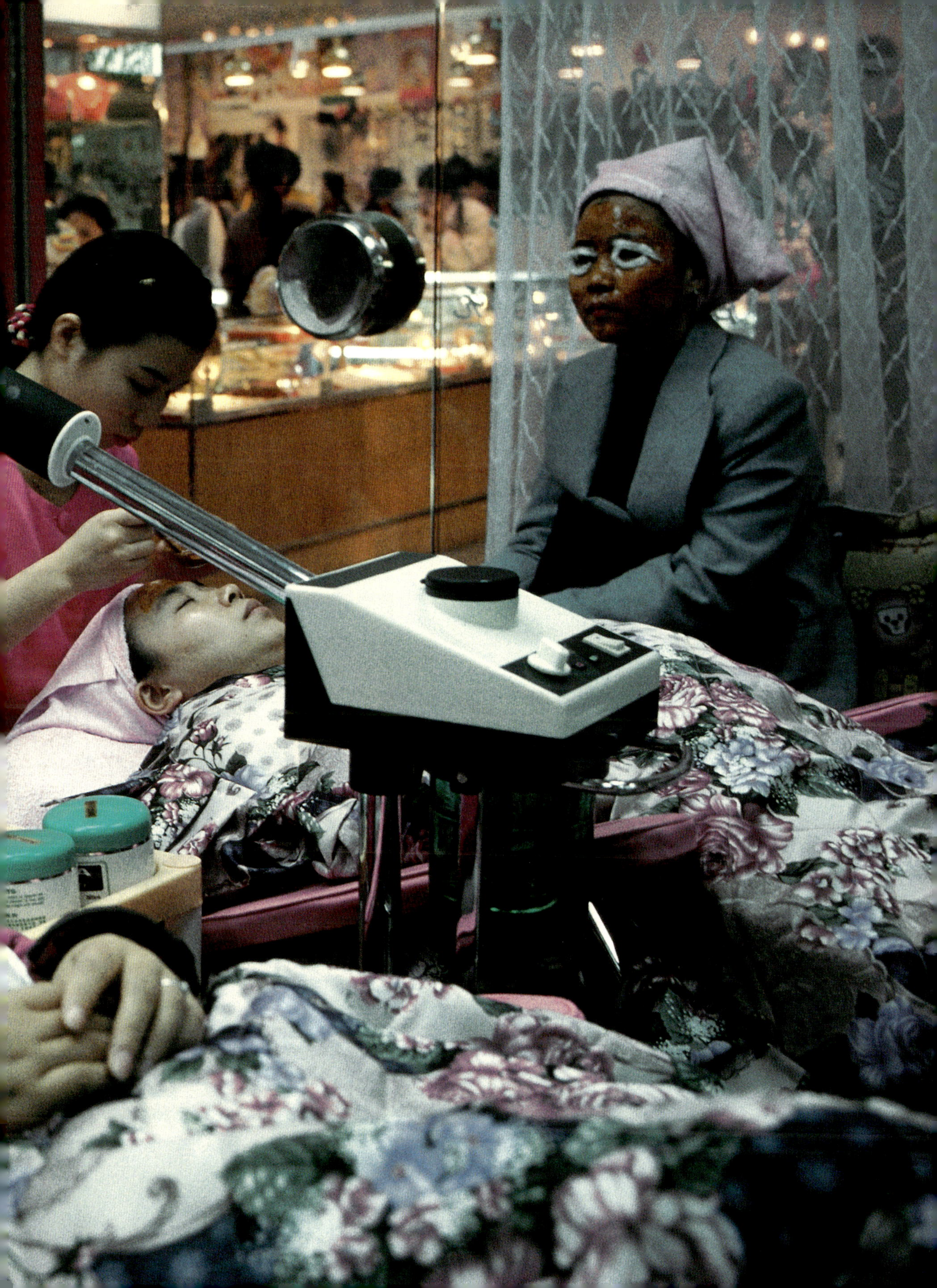

Marlboro

今日沪股跌幅前三名点评

20.47元
雅戈尔

Coca-Cola
NEC
NEC

ZAO WOU-KI ET LA CHINE

UNE LIBRE DESTINÉE

Shanghai, 1930. Il est assis sur un fauteuil, dans l'atmosphère laiteuse de la lumière en Chine. Penché sur un livre d'images, il égraine son émerveillement au fil des pages, s'arrête sur le célèbre tableau de Fan K'uan, *Voyage par-delà les fleuves et les monts*. Fan K'uan a peint sous la dynastie des Song qui a régné du Xe au XIIIe siècle. Il a 9 ans et a souvent entendu son père et son grand-père parler de cette époque.

C'était l'âge d'or de la peinture chinoise. Une véritable passion animait des peintres aux quatre coins du pays. On peignait les dragons et les poissons, les montagnes et l'eau, les animaux domestiques et les bêtes sauvages, les bambous et les pins. En ces temps-là, la peinture de paysage était une ascèse. Un homme se retirait dans la montagne et attendait longtemps, la regardant, se laissant traverser par les bruissements du monde, la courbe du vent, les appels des oiseaux, les chiens au loin dans la vallée. Dans cette attente, l'ermite s'abandonnait et habitait toute chose autour, devenait le vent, devenait l'eau et la montagne, la brume et l'oiseau. Ainsi dans toute chose, l'ermite se prêtait à des dialogues singuliers entre l'eau et l'oiseau, entre la brume et la montagne. Tel est le *qi*, souffle charnel, conciliabules entre yin et yang.

Il s'appelle Tsao Wou-Ki. Son nom signifie justement Song, et son prénom, Wou-Ki, prénom du tao, veut dire « illimité ». L'enfant saute du grand fauteuil, prend un autre livre dans la collection de son père pour voir encore, découvrir, retrouver, comme plus tard, animé d'un paisible enthousiasme, il s'empressera autour d'un catalogue de peinture chinoise.

Il vénère Mi-Fou, peintre poète, maître de l'école Song. Sa famille offre une cérémonie à sa mémoire. Année après année, sur la pointe du souffle, on sort un tableau du maître, comme on toucherait le sacré.

Dans la famille de Wou-Ki, on peint de père en fils. Son grand-père est un lettré du dernier empire. Il ne fait rien sinon peindre, calligraphier, lire… et dépenser l'argent de son fils, père de Wou-Ki. Celui-ci est banquier. Il est aussi peintre et a été primé.

Il a 14 ans. Voyage de Shanghai à Hangzhou. Le train avance dans la campagne chinoise. L'adolescent voit défiler les paysages, le regard dans son rêve, la peinture. Être peintre. C'est ce qu'il a répété obstinément à sa mère. Être peintre, c'est sa voie, à lui Wou-Ki, porté par la longue et longue tradition du pinceau.

Train de Shanghai à Hangzhou, il tient la main de son père, homme au regard bon et souriant. L'âge n'affecte pas son port altier. Ils échangent reconnaissance et complicité.

Votre père, vous n'auriez pas pu partir sans son appui. Votre mère ne le voulait pas.

La peinture, ce n'est pas un métier. Il faut qu'il devienne banquier, comme toi. Et votre père : *Wou-Ki, banquier ! Veux-tu que nous fassions faillite ? Laisse-le être peintre ; il aime ça. Quel que soit le métier, s'il réussit, ce sera toujours parfait. Laisse-le faire.*

Votre entêtement à tous deux. Votre mère s'est résignée.

Sur la route de Hangzhou, petites maisons blanches à deux étages, cultures maraîchères. Père et fils partagent la confiance. Depuis longtemps, la peinture les tient, fort, les appelle, comme le fond de la certitude.

Shanghai s'éloigne. Ce que vous laissez apparaît.

Vous ne regrettez pas votre vie de Shanghai, à l'étroit entre les occupations japonaise et anglaise. Les vexations subies vous suivront longtemps.

Je n'ai jamais oublié ça. La concession anglaise sur un jardin sur le fleuve Huangpu. À l'entrée, un panneau. « Interdit aux chiens et aux Chinois ». Je n'ai jamais oublié. La concession japonaise aussi qu'il faut traverser pour aller voir mon père à la banque. Des soldats, mitraillette au poing, qui vous tiennent en joue. Pour un enfant de 6-7 ans, c'est effrayant. On a toujours peur. Ils pourraient tirer. On a passé des vies comme ça. C'est la colonisation.

Avec les Français, ça se passait mieux. Il n'y avait pas la menace de l'autorité. L'occupation française était plutôt culturelle. J'habitais à Shanghai dans la concession française. Il y avait une petite librairie avec des livres de Matisse, Picasso, des peintres pompiers aussi. Avec mon argent, j'achetais des livres. J'ai connu comme ça le Petit Palais et le Grand Palais.

Shanghai s'éloigne. Les visages de ceux que vous quittez vous visitent. Vous riez à la pensée de votre grand-père au sourire espiègle.

Grâce à mon père, mon grand-père est devenu très riche. Alors il a fait des bonnes choses pour le pays. En Chine, construire un pont coûte très cher ; lui a fait des ponts partout. Il promettait des ponts à droite et à gauche avec l'argent de mon père.

Shanghai s'éloigne et vous reviennent des bribes de conversation.

Votre père sermonnant votre grand-père : *Quand même, ce n'est pas facile de gagner l'argent !* Et votre grand-père : *Je fais des ponts pour le plaisir, pour tout le monde. Tu en bénéficieras après.*

Hangzhou, au sud-ouest de Shanghai. Bien sûr vous savez, ces paysages sublimes, ce lac, immense, ces montagnes autour, souveraines, comme le nid des amants. Hangzhou, bien sûr, vous avez entendu parler de cette légende du serpent blanc. Hangzhou, surtout, vous vous rendez au cœur de la peinture. De longue tradition, les peintres viennent de loin, peindre, au bord du lac, les montagnes jouant avec les brumes.

Hangzhou, vous irez à l'Institut des beaux-arts. Il y a cette sale histoire, ce crime passionnel qui ternit la réputation de l'école. Mais votre père écarte d'un revers le fait divers.

Cette histoire, tu ne t'en occupes pas. Travaille, c'est ça qui compte.

Le père, la mine sévère, l'adolescent approuve. Il ne s'occupera pas des filles, et puis les histoires d'amour sont interdites à l'Institut. Il travaillera, beaucoup. Parce que c'est là qu'il veut aller, à l'Institut des beaux-arts de Hangzhou.

Il y avait aussi un Institut des beaux-arts à Pékin, mais c'est pompier, académique. C'est à Hangzhou que je voulais aller. Hangzhou, c'était le premier Institut des beaux-arts. Des peintres de Hangzhou sont venus à Paris pendant la période impressionniste. Ça les a influencés. Pour les Chinois, les impressionnistes sont déjà d'avant-garde.

Suzhou, près de Hangzhou. On dit que les deux villes sont le paradis sur terre. L'adolescent sourit aux images qui le visitent. Sa mère est assise près de lui. Il voudrait bien forcer son respect. Ils apprennent tous deux la calligraphie auprès de son grand-père.

À cette époque, une femme chinoise ne devait pas être éduquée. Ma mère a appris à lire et à écrire le chinois avec mon grand-père en même temps que moi. Après l'école, on se retrouvait pour écrire des caractères ; il y en a beaucoup, plus de dix mille. Mon grand-père peignait les fruits. Il dessinait une pastèque et, au dos de la feuille, le caractère correspondant. J'ai commencé aussi à dessiner. Mon grand-père était taoïste. Mon prénom, Wou-Ki, c'est lui qui me l'a donné. Wou-Ki, ça veut dire « illimité ». C'est un peu prétentieux, non ?

Hangzhou, Hangzhou, le train arrive.

Hangzhou, l'Institut des beaux-arts. Votre père vous encourage encore. L'examen d'entrée est un succès.

Quand tu entres à l'Institut, tu choisis une section, la peinture occidentale, la peinture traditionnelle, la sculpture... Il y a la musique aussi. Moi j'ai choisi la peinture occidentale. Je suis entré, j'ai fait des fusains, comme en France. Après j'ai fait tout de suite la peinture à l'huile, parce que je suis curieux.

Hangzhou, étude, travail, émerveillement, obstination. De temps en temps, des nouvelles de votre famille. Vous peignez votre sœur, mystérieuse et songeuse. Vous peignez votre maison au bord du lac de l'Ouest aux mille ponts.

À Hangzhou, les ponts portent les noms de grands écrivains poètes. Un pont c'est un nom. Un autre pont c'est un autre nom. Comme ça, la poésie est partout. À Hangzhou, l'Institut des beaux-arts est dans un cadre formidable, sur le lac même. Il y a aussi des endroits où on boit du thé.

Hangzhou, un adolescent est assis sur une colline. Des promeneurs devisent sur les ponts qui enjambent le lac. Sur la rive là-bas un vieillard marche, un peu voûté sur sa canne. Des couples amoureux, dans de petites embarcations, s'éloignent du rivage. L'adolescent ne bouge pas. Son regard embrasse la montagne là-bas que les nuages troublent. On ne sait plus où elle s'arrête, où commence le ciel. Là, dans l'effacement de la frontière, se glisse l'infini.

Hangzhou, vous étudiez sans compter, découvrez dans des revues la peinture occidentale, les reproductions de Turner, de Cézanne, retrouvez Matisse et Picasso. Vous êtes saisi. Ça ne ressemble en rien à la peinture chinoise. Ici des paysages aux reliefs émoussés par les brumes. La montagne et l'infini s'y confondent. Ici des personnages doux et précieux donnent toute sa mesure au paysage. Là, les corps sont renversés, transformés, démembrés. Là, les couleurs et l'audace.

Hangzhou, l'Institut des beaux-arts. Vous devez aussi apprendre tous les traités de peinture chinoise, recopier les tableaux des peintres qui vous ennuient. Vous vous sentez à l'étroit. Ces longues dissertations sur l'art de peindre fondent sur votre tête comme une chape de plomb. Elles contrarient la liberté à laquelle vous aspirez par-dessus tout. Vous ne supportez pas les Quatre Wang, quatre grands maîtres de peinture de la dynastie des Yuan.

Le professeur, un peintre très connu, nous demande de copier des tableaux des Quatre Wang. Je déteste. Je fais n'importe quoi. Le professeur se plaint au directeur. « Cet élève est impossible. Il ne m'écoute pas. Je ne le contrôle pas. Il faut le renvoyer, tout de suite. » Je prie le directeur. Me renvoyer, pour ma famille, ce serait affreux. Le directeur est avec moi. Pour lui je suis un élève modèle. Je peux rester à Hangzhou.

Vous imaginez si j'avais été renvoyé, mon père, qu'aurait-il pensé ?

Hangzhou, vous marchez sur un chemin l'hiver. Il fait très froid. Là-bas le soleil perce à peine, appel de l'infini. Là-bas la transparence sur les branchages nus, sur les feuilles passées, teinte de rose et de mauve les cimes des feuillus. Là-bas les neiges révèlent les sommets. Il n'y a pas de couleur vive l'hiver à Hangzhou.

Durant ces années, vous apprenez la technique de l'huile, apprivoisez la couleur, vous émerveillant de son insolence. Vous barbouillez des toiles de bleus et de jaunes sans concessions. Aujourd'hui, jour de colère, vous étalez sur la toile un rouge vif. Ça ne s'est jamais vu dans votre tradition. Ça vous plaît. Vous aimez traverser les frontières, défricher des terres vierges.

Je suis rentré à l'Institut des beaux-arts à 14 ans. Six ans après, l'Institut a dit : « Tu travailles bien, tu vas rester comme jeune professeur assistant. » Je corrigeais les peintures des élèves pour le directeur de l'école et il leur expliquait pourquoi j'avais fait ça. J'ai fait ça pendant six ans, j'en avais marre. Les autres étudiants avaient à peu près mon âge, même plus âgés que moi. Ce n'était pas très drôle. Je n'apprenais rien.

J'ai dit à mon père que je voulais aller en France, à Paris. Il m'a répondu « Tu ne parles pas français, tu parles anglais. Pourquoi ne pas aller à New York ? » J'ai dit « Parce que la France a une histoire de la peinture traditionnelle beaucoup plus ancienne. » Quand je suis parti, en 1948, l'abstraction américaine n'était pas développée. Masson n'était pas encore là. Jackson Pollock, c'était en 1950. C'est lui qui a commencé le premier. Tu peux imaginer si j'étais parti pour New York, je serais devenu comme eux, action-painting. Ce n'était pas mon but.

Le jeune homme s'embarque pour la France au port de Shanghai. Sa famille est là, des amis aussi. On se dit au revoir. Portant recommandations et encouragements, le jeune homme monte sur le paquebot. La traversée, trente-six jours de mer. Le jeune homme offre à sa femme Lan-Lan des attentions discrètes ; trente-six jours de mer qui passent vite. Il est déjà à Paris, dans la chair de son rêve. Il veut peindre, apprendre, découvrir, obstinément.

À mesure que la Chine s'éloigne, les visages de ceux qu'il quitte lui apparaissent, doux, confiants. Son grand-père, le sage coquin. Son père, souverain rayonnant. Sa mère, sévère et déterminée. Son frère que sa mère tient pour modèle. Mais le jeune homme est aussi visité par des images, des scènes d'horreur dont il fut témoin.

Je me rappelle encore, pendant la guerre sous l'occupation. On se cachait. On avait peur des Japonais, des mendiants…

L'armée a perdu la guerre, les mendiants en font à leur aise, volent les familles aisées. Des bandes de voyous raflent toutes les richesses et disparaissent. C'est une époque effrayante. Quand les soldats attrapent un voleur, ils lui coupent la tête devant tout le monde. Je suis petit. Je ne sais pas. Devant moi, on coupe la tête d'un homme et on l'accroche à l'entrée de la ville. Je fais des cauchemars. C'est la Chine de la terreur.

Ces atrocités hantent vos nuits, longtemps. Des images, rien que des images et le silence autour. Vous y reviendrez dans l'œuvre à venir, les dissoudrez dans le grand tout de la couleur. Plus tard, elles s'estomperont. Un jour, dans très longtemps, quand vous raconterez cette histoire, la trace de l'enfant saisi par ces images apparaîtra dans un trémolo de votre voix, dans une certaine insistance.

Dans *Autoportrait*[1], ce très beau dialogue avec Françoise Marquet, votre femme, vous racontez. Paris 1948. Vous posez vos valises et, vous rendant au Louvre, promenez votre âme dans les galeries comme dans un pays qu'on a rêvé longtemps. Ici un tableau de Turner dont la reproduction figure dans un magazine à Hangzhou, et voilà la *Joconde* qui couve du regard. Vous courez vers la salle des Impressionnistes, découvrez grandeur nature les danseuses de Degas, la Provence de Cézanne.

Très vite, vous emménagez à l'atelier du Moulin-Vert où vous voisinez avec Giacometti. Vous parlez à peine le français, mais lisez sur les lèvres et dans les bruissements de l'autre. Une intuition hors du commun comble le fossé linguistique. Paris, sa beauté vous saisit. Ses musées sont émerveillement et enseignement à profusion. Quelques mois d'acclimatation et vous retrouvez le chemin du travail. Tandis que votre pinceau suit les traces de Cézanne, de Paul Klee et du cubisme, vous vous souvenez de ces inscriptions sur des bronzes chinois près de 2 000 ans avant J.-C. Le signe qui nomme et la chose se confondent. Vous vous souvenez de ces stèles des Han, le peuple à l'origine de la Chine, gravées de formes arachnoïdes. Vos toiles gardent secrètement la trace de cette double imprégnation.

Vous découvrez la technique lithographique. Henri Michaux à qui l'on présente vos premières lithos écrit aussitôt huit magnifiques textes[2]. Votre peinture est poème. Elle convoque le monde à l'intérieur.

Premières rencontres avec Henri Michaux, peintre et poète phénoménal. Michaux, l'énigmatique au visage effilé, à l'œil perçant, à la mine sévère, apprécie la compagnie de ce jeune Chinois au regard tourné vers un fabuleux ailleurs. Zao Wou-Ki ne pèse pas. Sa présence se manifeste par touches délicates. Il ne dégage rien de menaçant pour le peintre poète qui traverse la vie en funambule. Au contraire, il est accueillant et discret, curieux, courtois et délicat.

1. Zao Wou-Ki, *Autoportrait*, Fayard, 1988.

2. *Lectures de huit lithographies de Zao Wou-Ki.*

Michaux fréquentait la Chine depuis longtemps. Il la sillonnait, vous aviez tout juste 10 ans. Vous arrivez en France. Vous vous échappez d'une culture ancestrale et tentez de forcer les geôles des interdits dans l'art. Michaux recherchait en Asie quelque chose de fondamental, en rapport avec la liberté et la grâce. Il lit beaucoup, connaît Confucius et les grands taoïstes, Tchouang-tseu et Lie-tseu.

Ensemble, vous parlez surtout de la Chine, des peintres Tang et Song, de la décadence de la peinture sous les Ming.

À partir du XVIe siècle, les peintres faisaient toujours la même chose, plus d'idées. Et ils complétaient leurs tableaux avec des calligraphies. En principe, la peinture on n'y met jamais de mots. On signe, c'est tout. Sous les Ming déjà, la peinture n'est plus suffisante. Il faut de la poésie pour renforcer l'espace. C'est de trop, non ? Et le peintre s'adresse des compliments à lui-même. Il ne sait pas s'expliquer à travers sa peinture, alors il en rajoute. C'est complètement ridicule. C'est pourquoi à cette époque-là il fallait non seulement bien peindre mais aussi calligraphier très bien. Calligraphier, c'est un autre art qui n'a rien à voir avec la peinture. On peut être très bon en peinture sans être bon calligraphe.

Vous exposez à Londres et à New York. Michaux préface le catalogue de vos expositions. « Wou-Ki suit son chemin chinois, semblable au murmure de sa langue maternelle, chemin qui délivre de l'autorité. Les traits fins de son dessin en zigzag, infidèlement exacts, rendent le paysage sans le suivre et font s'animer les lointains. Montrer en dissimulant, briser et faire trembler la ligne directe, tracer, en musant, les détours de la promenade et les pattes de mouche de l'esprit rêveur, voilà ce qu'aime Zao Wou-Ki et, tout à coup, avec le même air de fête qui anime campagnes et villages chinois, le tableau apparaît, frémissant joyeusement et un peu drôle dans un verger de signes. »

Michaux vous invite à renouer avec l'encre de Chine, à partir de 1973. « Pourquoi ne fais-tu pas des encres de Chine ? vous demande-t-il. Ça te permettrait de dire plus de choses. » Vous écartez son idée l'air discrètement contrarié. Pas d'encre de Chine. « L'encre de Chine, c'est la tradition. Je ne veux pas tomber dans le piège. La peinture chinoise est déjà très limitée. » Michaux continue de vous y encourager. Tant et si bien qu'un jour, du bout de votre pinceau, vous déroulez des auréoles sur des feuilles de papier de riz, plus fines que la soie, sous son regard émerveillé et toujours en alerte. Vous faites à votre idée. Ça ne correspond pas à ce qu'on vous a enseigné. Il y règne cependant la présence du vide et l'empreinte du mouvement. En Chine, ils sont l'essence de la peinture.

Ces années-là, vous voyagez beaucoup en Europe, en rapportez de nouvelles toiles : Arezzo, Sienne, Saint-Jeoire-en-Faucigny où la recherche d'un autre espace se conjugue avec une joie enfantine. De retour à Paris, vous fréquentez la Grande Chaumière et l'imprimerie Desjobert où se côtoient des peintres comme Vieira da Silva, le Canadien Jean-Paul Riopelle, les Américains Sam Francis et Joan Mitchell. Ils ne parlent pas français. Vous communiquez en anglais et bâtissez les fondations de solides amitiés.

Avec Riopelle, nous étions très amis. Malheureusement il est mort trop tôt.

Vieira da Silva était ma voisine. On se voyait tous les jours à 6 heures et demie et on parlait de peinture. Elle est enterrée dans la campagne, pas loin de ma maison. Arpad Szenes, son mari, me disait. « Tu ne travailles pas le soir. Je ne vois pas de lumière la nuit dans ton atelier. » C'est vrai. J'ai besoin de la lumière du jour pour peindre.

Ces amitiés, Paris, les voyages, la peinture, vous vous épargnez tout ce qui n'est pas essentiel. Vous arrêtez de fréquenter l'Alliance française. Parler français couramment n'est pas fondamental. À la Grande Chaumière, le professeur vous dispense de venir tous les jours. Vous travaillez déjà très bien. Il suffit que vous veniez de temps en temps lui montrer votre peinture.

Quelque chose mugit en vous. Le monde est trop étroit. Vous fréquentez Hartung et les mouvements abstraits. Vous aimez Picasso. Il a entendu parler de vous. « Montrez-moi ce qu'il a fait ce petit Chinois » demande le maître, lors d'une visite à la galerie Pierre Loeb. Il apprécie votre peinture. Le petit Chinois l'intrigue. Il vous propose de le visiter dans sa maison à Mougins. Vous hésitez. Il est sûrement très entouré. Vous ne voulez pas le déranger.

Vous repoussez les frontières, partez pour l'Amérique avec votre ami le peintre Pierre Soulages et sa femme Colette, découvrez le jamais vu. La Chine revient dans votre peinture. Des signes, entre la calligraphie et l'être animé, surgissent, donnant matière à la profondeur, espaces du peintre chinois où la perspective, de part et d'autre, ouvre sur l'infini.

1957 confirme le mouvement amorcé quatre ans plus tôt. Dans votre peinture, les formes rejoignent l'abstraction ou plutôt se lisent de mille points de vue.

Un jour, vous rendez un hommage à Michaux. Sur cette toile, les reflets de la nuit sur la surface du lac, traces de la lune, transparence du noir ou un visage d'ancêtre contemplant les reflets dessous, dessous le lac près des berges endormies sous un voile de neige courroucé dans le vent. Mais qu'est-ce, sur le lac, qui brille et qui bouge : l'émotion des diamants, les reflets d'un sphinx là-bas qui glisse à l'allure des images du rêve ?

Michaux vous propose de traduire le tao. Les traductions existantes sont de piètre qualité. Elles ne rendent pas l'âme de Lao-tseu. Vous êtes enthousiaste. Vous parlez du tao et une image de votre grand-père vous fait rire.

Mon grand-père était tao ; il trouvait toujours le moyen de s'échapper. Il pensait : « Je ne suis pas mêlé à cette histoire. » Il était très malin. Quand quelque chose ne lui plaisait pas, il disait : « Je suis taoïste. » Ce n'est pas facile, le taoïsme. Beaucoup de choses ne sont pas pratiques. C'est du rêve surtout. On a essayé avec Michaux. On n'a pas réussi. Le tao, si vous traduisez trop, en réalité, ce n'est plus tao.

François Cheng est Chinois aussi. Je suis venu en France un peu avant lui. On s'est connu rapidement après son arrivée, j'apprenais le chant, lui aussi. Il ne parlait pas français. Il travaille vraiment… c'est impressionnant.

François Cheng a beaucoup écrit sur la peinture chinoise, calligraphié aussi. Vous échangez vos affinités pour les peintres Tang et Song. Shitao a peint plus tard, dans l'effondrement de la dynastie des Ming, au XVIIe siècle, sous les Ch'ing, époque décadente. Mais Shitao (« Vague de Pierre ») fait exception comme quelques hommes par siècle qui sortent du courant pour tracer un autre sillon.

Un jour vous suggérez à François Cheng d'écrire un livre sur lui. Il vous entend. *Shitao, la saveur du monde*[3] est un très bel ouvrage. On y découvre l'œuvre du peintre poète. Vous souvenez-vous de ce passage ? « Maintenant les Monts et les Fleuves me chargent de parler pour eux ; ils sont nés en moi et moi en eux. J'ai cherché sans trêve des cimes extraordinaires, j'en ai fait des croquis, monts et fleuves se sont rencontrés avec mon esprit et leur empreinte s'y est métamorphosée. » Shitao déclare aussi : « Il a été dit que l'homme parfait est sans règles, ce qui ne veut pas dire qu'il n'y a pas de règle, mais que sa règle est celle de l'absence de règles, ce qui constitue la règle suprême. »

3. François Cheng, *Shitao, la saveur du monde*, éditions Phébus, 1998.

À l'Institut des beaux-arts à Hangzhou, la peinture chinoise était obligatoire. Il fallait apprendre la peinture traditionnelle. Moi je faisais de la peinture à l'huile…

La liberté en art, si je savais ce que c'est, je ferais des bonnes peintures : pour l'instant, pas encore. Il faut essayer de digérer l'éducation, les règles, toutes ces choses imposées, se libérer de 5 000 ans de tradition. Les peintres ont écrit des traités et des traités de peinture avec des normes précises. Il faut les oublier. Si on pense à chaque coup de pinceau qu'on peut faire ça ou qu'on n'a pas le droit de faire ça, rien n'arrive. Ça vient, ça ne vient pas, ça, c'est le secret. Quand je travaille, j'essaye de penser au moins de choses possible. Quand vous mangez des bonnes choses, il ne faut pas penser qu'après vous serez malade… Je ne dis pas qu'il ne faille pas de contraintes. La liberté en est aussi faite. Mais à coller trop aux règles, le style devient pompier.

Un jour vous accompagnez de deux gravures le recueil de François Cheng, *Rompre le cri*[4], série de magnifiques poèmes. On y retrouve l'âme du poème chinois qui ouvre à la question, cœur du vide. Vos gravures disent le mouvement et la transfiguration des formes.

Avec François Cheng, vous mesurez l'étendue de la tradition picturale chinoise. Vous questionnez la couleur ou son absence, les peintures de paysage, le statut du peintre dans la tradition.

Je préfère les peintures de paysage. Tongwa (la route de la soie), je n'y suis jamais allé. Dans le temps, on allait là-bas pour faire du commerce. On faisait des peintures destinées aux dieux, pour qu'ils vous protègent et vous prêtent fortune. Comme il n'y avait pas assez de place sur les parois des grottes, on peignait une peinture sur une autre. Si vous arrachez la première, vous tombez sur une peinture plus ancienne. À l'intérieur des grottes, il y a des choses plus anciennes encore.

Dans la Chine ancienne, le peintre vit souvent dans la montagne, en ermite. La peinture n'est pas faite pour gagner sa vie mais pour confier sa pensée, transmettre ce qu'on a vu, enchanter les choses qu'on a vécues. La peinture est une mémoire. Le peintre n'a pas d'ambition ; on ne vend pas les tableaux dans la tradition, on les donne aux amis. On peint parce que ça fait plaisir, c'est tout.

Aux époques Tang et Song, jusqu'aux Ming, les peintres se servaient beaucoup de la couleur. On peignait les paysages, on utilisait le vert, le bleu. Aujourd'hui la couleur est passée. Il reste surtout du noir. La peinture sur soie ne tient pas. Le temps la jaunit. Elle est très abîmée.

À partir des Ming, la peinture se dégrade, elle devient pompier. Les peintres sont moins bons. Alors ils trichent avec les calligraphies pour compléter leur désir. Dans toutes les cultures, il y a toujours un moment de décadence. Sans décadence, il n'y a pas d'innovation. Les impressionnistes sont arrivés à une époque où il n'y avait plus moyen de s'exprimer. Il y a toujours des cycles, au fond. Ça revient, ça revient, ça revient. Nous, on fait de l'abstrait. Qu'est-ce que cela veut dire ? On transfigure la nature. L'abstrait peut être monotone aussi quand il y a trop de règles. Les belles peintures sont toutes très libres. Parler c'est facile, faire c'est difficile.

Je ne sais pas quoi dire de ma peinture, je n'y pense pas. Spirituelle, philosophique ? Ce n'est pas si compliqué que ça, je crois. Enfin, je n'en sais rien. C'est aux autres de le dire. Yves Bonnefoy a parlé de ma peinture comme un passage vers le spirituel ? Je ne le mérite pas. C'est trop bien. Ma peinture c'est tout ce qu'on veut, la nature, la montagne et l'eau, des personnages.

Je ne comprends pas les peintres chinois aujourd'hui.

Parlez-vous de ces peintures de l'immédiat, sans profondeurs, de ces couleurs sans nuances ? Parlez-vous de cette toile où des personnages vous scrutent de leurs yeux sans regard ? Parlez-vous de cette performance où un peintre sur une montagne en tenue d'apparat peint devant un public en extase ?

Pourquoi font-ils toute cette publicité, ça ne se fait pas. On ne travaillait jamais devant les autres. Les peintres se cachaient dans la montagne, dans la nature, loin de la société. Comme le tao. Ils peignaient pour eux-mêmes, pas pour le public. Maintenant ils travaillent devant beaucoup de monde pour faire plaisir, pour montrer. Tous ces gens autour changent l'attitude du peintre. Peut-il réfléchir avec toutes ces personnes autour de lui ? Ces démonstrations sont contre toute la pensée chinoise. J'ai horreur de cette exhibition, de ce mauvais goût. Pourquoi faut-il forcer les gens à comprendre ce que vous faites ? Ce n'est pas la peine. Si la peinture est forte, vous n'avez pas besoin d'expliquer. La peinture n'est pas faite pour une démonstration, c'est une chose pour soi-même. C'est comme écrire des poèmes ou chanter. La peinture est toujours pour soi-même. Quand vous avez fini, la toile vous quitte. Elle va vivre avec un autre. Devant les performances que font les peintres aujourd'hui, je demande : est-ce que c'est sincère ? Je travaille toujours tout seul. Je ne peux pas travailler devant quelqu'un. Il y a automatiquement quelque chose qui se glisse, quelque chose pour faire plaisir, quelque chose d'un peu putain. Ça manque de sincérité.

Toutes ces années de travail, d'expositions, de voyages, au fond, la Chine est présente. Vous pensez y retourner un jour. Mais 1966 bouleverse vos attentes. Mao déclare la Révolution culturelle. Votre patrie vous est interdite. Il vous faudra attendre 1972 pour la retrouver, des retrouvailles qui laissent sans voix.

Mon père était mort. J'ai vu ma mère seulement. Elle ne voulait plus sortir, n'allait même plus faire sa gymnastique dans le jardin. Et puis mon père mort, elle était très triste. J'ai vu mon professeur aussi. Il se cachait. Il n'osait plus travailler. C'était contraire au régime. Il m'a dit : « Si tu étais là, il y a longtemps qu'on t'aurait fusillé. » Parce que je ne suis pas quelqu'un de très discret. Je pense, je dis ce que je veux.

En 1972, la Chine avait changé complètement. C'était affreux. Le fils pouvait dénoncer son père. L'ami pouvait dénoncer sur des choses inventées. Des gens étaient agenouillés dans la rue coiffés de chapeaux en papier. Ils se confessaient, reconnaissant leurs fautes. Il n'y avait plus de morale. Il ne restait plus rien de la Chine ancestrale. C'est effrayant. Il n'y avait plus de pensée ; il n'y avait plus de respect pour soi-même. C'était la démolition totale pour trouver quelque chose de nouveau. En peinture, faut-il détruire tout ce qui existe ? Non. Je trouve la tradition très belle, pourquoi s'est-on révolté contre ça ? Ils n'avaient pas confiance en eux-mêmes.

Heureusement ce fut une période courte. Ça a fait tellement de dégâts. Ça a dépassé les limites. En Chine, quand j'étais enfant, un enfant n'aurait jamais osé dire des choses contre son père. Le respect et l'honnêteté étaient deux valeurs très importantes de la mentalité chinoise. Est-ce qu'aujourd'hui la Chine a trouvé un nouvel équilibre, je ne sais pas.

Il y a ce premier voyage en Chine après vingt-quatre ans d'absence. Et puis il y en a d'autres. 1975, 1982, 1985, la Chine vous attire et vous surprend. Vous connaissez l'inquiétante étrangeté des souvenirs qui refluent sur les lieux de la mémoire. Ce jour-là, votre femme Françoise recueille votre émotion à l'oreille de son cœur. Vous êtes sur le quai de Shanghai, elle insiste pour vous mener dans ce petit jardin de l'ancienne concession britannique où, enfant, vous ne pouviez entrer car l'entrée était barrée d'un panneau : « Interdit aux chiens et aux Chinois ». Au bras de Françoise, vous retrouvez l'âme de votre père. Il a permis à son fils aîné d'advenir à la peinture. Une infinie reconnaissance pour cet homme habite le cœur de Wou-Ki.

J'étais protégé par mon père. Sans lui, je n'aurais jamais été peintre. Quand je suis retourné en Chine, je voulais faire quelque chose pour le remercier. C'est pourquoi je suis allé en Chine pour donner des leçons à l'Institut des beaux-arts. J'étais très sévère. À cette époque, la peinture chinoise était influencée par la peinture soviétique. Les nus devaient être peints de face, la lumière venir toujours d'un seul côté. Les étudiants ne voulaient pas dessiner une femme dans l'ombre, ils ne connaissaient pas. Je leur ai dit ce que je pensais de ces leçons ridicules. J'ai enseigné pendant un mois et demi, tous les jours, du matin au soir. J'ai refusé qu'on me paye.

Pendant ces séjours, vous rencontrez la nature chinoise, les paysages de montagne surtout, essence de la peinture de paysage. La nature s'y fait et s'y défait au rythme de la brume, une lumière lactée, des formes sortant de l'invisible et y retournant, la présence dans ce mouvement d'un ailleurs comme l'étrange infini. Non loin de

Hangzhou, sur la montagne Jaune, les Chinois viennent en pèlerinage pour lire dans les mouvements des nuages, des formes sur les silhouettes des arbres et les reliefs rocheux.

On ne peut rien contre la nature. Quand je suis allé à la montagne Jaune, c'était formidable. Il fallait grimper, pas après pas, franchir des seuils, et on découvrait une autre nature. C'est une peinture chinoise grandeur nature avec un premier plan et puis d'autres plans qui se succèdent. On entre dans la peinture comme dans le paysage. Ça donne une leçon incroyable... Mais tout est leçon, un arbre magnifique, c'est une leçon... Ce jour-là, à la montagne Jaune – j'avais les cheveux blancs –, un Chinois s'est approché de moi et m'a dit : Vieux monsieur, c'est très fatigant, il faut demander un porteur, quel âge avez-vous ? J'ai répondu 98 ans. Comme ça, il est parti tout de suite.

Près de Pékin, vous assistez à l'inauguration de l'hôtel des Collines parfumées conçu par l'architecte Ieoh Ming Pei. Vous aimez ce lieu, dans la campagne, constructions basses, pour, selon le vœu de Pei, respecter la nature et le silence ; un style épuré. À sa demande, vous avez peint dans l'hôtel quatre panneaux à l'encre de Chine, gris, noir, blanc, les teintes du tao où l'exquis naît de la fadeur, à l'image d'une ligne de crête qu'on voit à peine dans les nuages, trace de la naissance de la chose.

Pei construit en suivant la nature. Il a construit un musée au Japon. Mais le paysage ne lui plaisait pas. Il est exigeant. Il voulait la nature en rapport avec l'architecture. Il a demandé à la propriétaire de percer un trou dans la montagne pour avoir une plus belle chose. La vue est magnifique. C'est incroyable !

Wou-Ki et Pei partagent l'exil. Ils se rencontrent de temps en temps, en France, en Amérique, ailleurs. Ils parlent de leur Chine, se racontent leurs projets. Wou-Ki est enthousiaste, rieur, libère l'humour au bout de la langue. Les deux hommes se souviennent, l'extraordinaire aventure de la Pyramide du Louvre. Cette histoire fait encore rire Wou-Ki.

J'avais mis en relation Pei avec Emile Biazini qui le pressentait pour le projet du grand Louvre. Quand Pei a fait la Pyramide du Louvre, il a été attaqué ; c'était terrible. Et tout le monde disait : « Quoi ! On a trouvé un petit Chinois qui vit en Amérique pour faire ce truc-là ! Le Louvre, la fierté des Français, transformé par ce petit Chinois qui fait du Walt Disney. » Pei était très malheureux. Il disait : « On peut dire que je suis mauvais architecte mais pas que je suis Walt Disney. » Il m'a confié : « Wou-Ki, vraiment tu me mets dans un sale pétrin. » J'avais dit à Pei : « Creuse vers la Seine. » Il a répondu : « Je creuse à 9 mètres, pas plus. Sinon on arrive dans les souterrains du métro. Je suis obligé de monter. » J'ai dit à Pei : « Ne monte pas ou tu n'auras que des problèmes. » Il a fait un sacrifice sur la hauteur. Maintenant les gens comprennent mieux. Mais à l'époque c'était difficile.

La dernière fois que j'ai vu Pei à New York, on a parlé du tao. Je lui ai dit : « Écoute, moi aussi je pense avec moi-même et je pense dans la peinture. Bien sûr, pour toi c'est difficile, penser le tao dans l'architecture et la maison tomberait. »

Je ne me sens pas seul, je suis entouré de mon travail. J'ai besoin d'être seul pour travailler. Je ne pourrais rien faire avec des gens autour de moi.

Un jour, en début d'été 2002, Wou-Ki est désolé. Il ne trouve plus la transparence dans sa peinture. Et il ne fera plus d'encre de Chine. On a copié ses encres, un copiste sans talent qui remplit l'espace de taches d'encre. Pourtant à la fin de l'été, dans l'atelier de Wou-Ki, le visiteur est accueilli par l'odeur de la peinture fraîche et par un grand diptyque. Les deux tableaux racontent l'histoire du vert et du bleu. La transparence est là, dans la matière de l'eau. Peut-être refera-t-il bientôt des encres de Chine sur des poèmes d'Yves Bonnefoy. Il n'y est pas encore décidé malgré l'insistance de Françoise, sa femme, compagne et complice. Il y a déjà tellement à faire avec la peinture, suffisamment à chercher. Car chaque toile doit ouvrir une nouvelle direction. Dans ses cinquante années de peinture en France, pas à pas, l'une après l'autre, Wou-Ki a peint plus de mille cinq cents huiles, sans compter les aquarelles et les encres. Mille cinq cents huiles qui parlent de l'infini et de l'essence des choses, de l'exil et de la Chine, de la colère et du sourire. Tourné vers l'avenir dans la grâce et le rire, Zao Wou-Ki accueille les vibrations du monde.

Catherine Zittoun

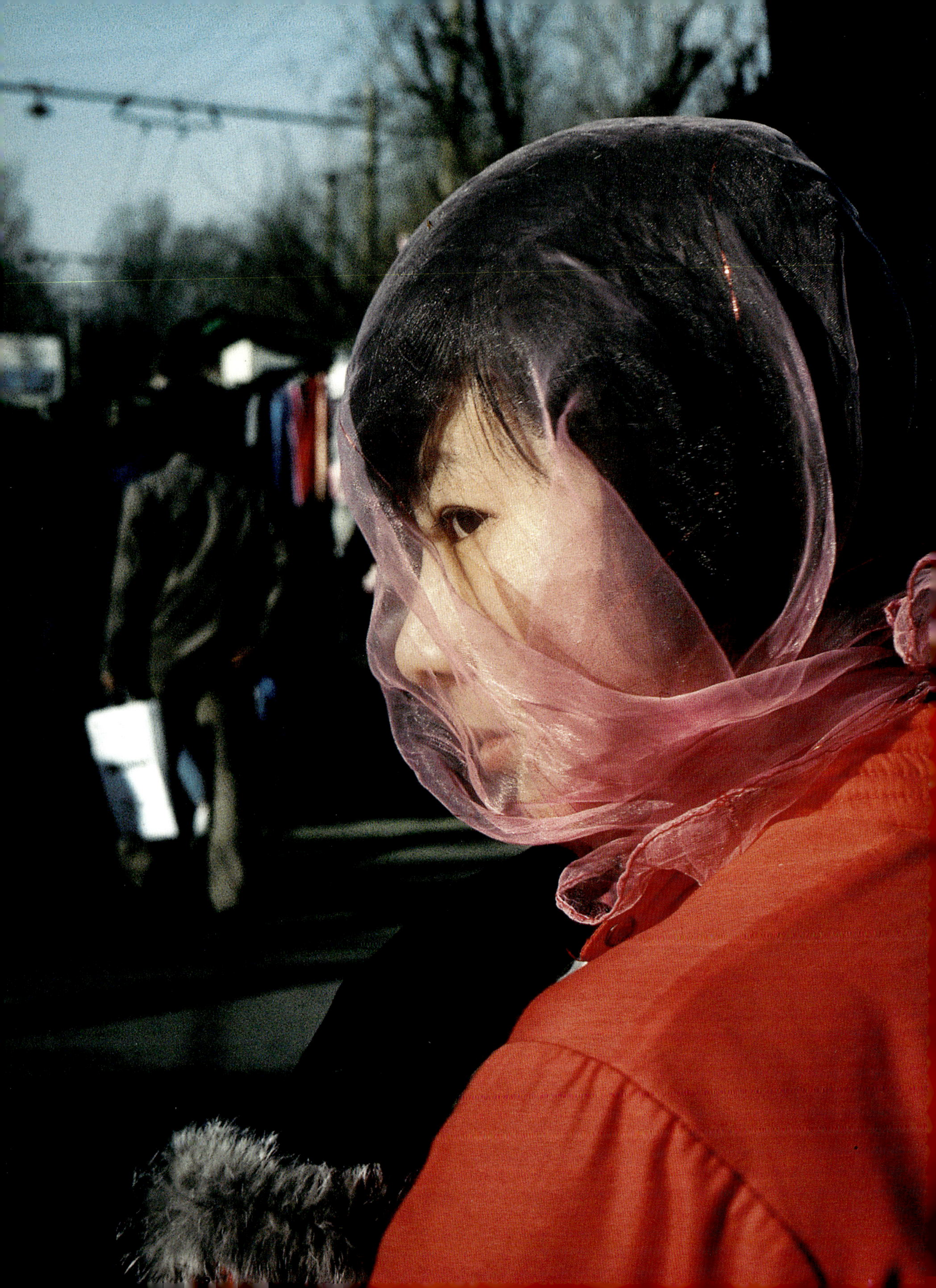

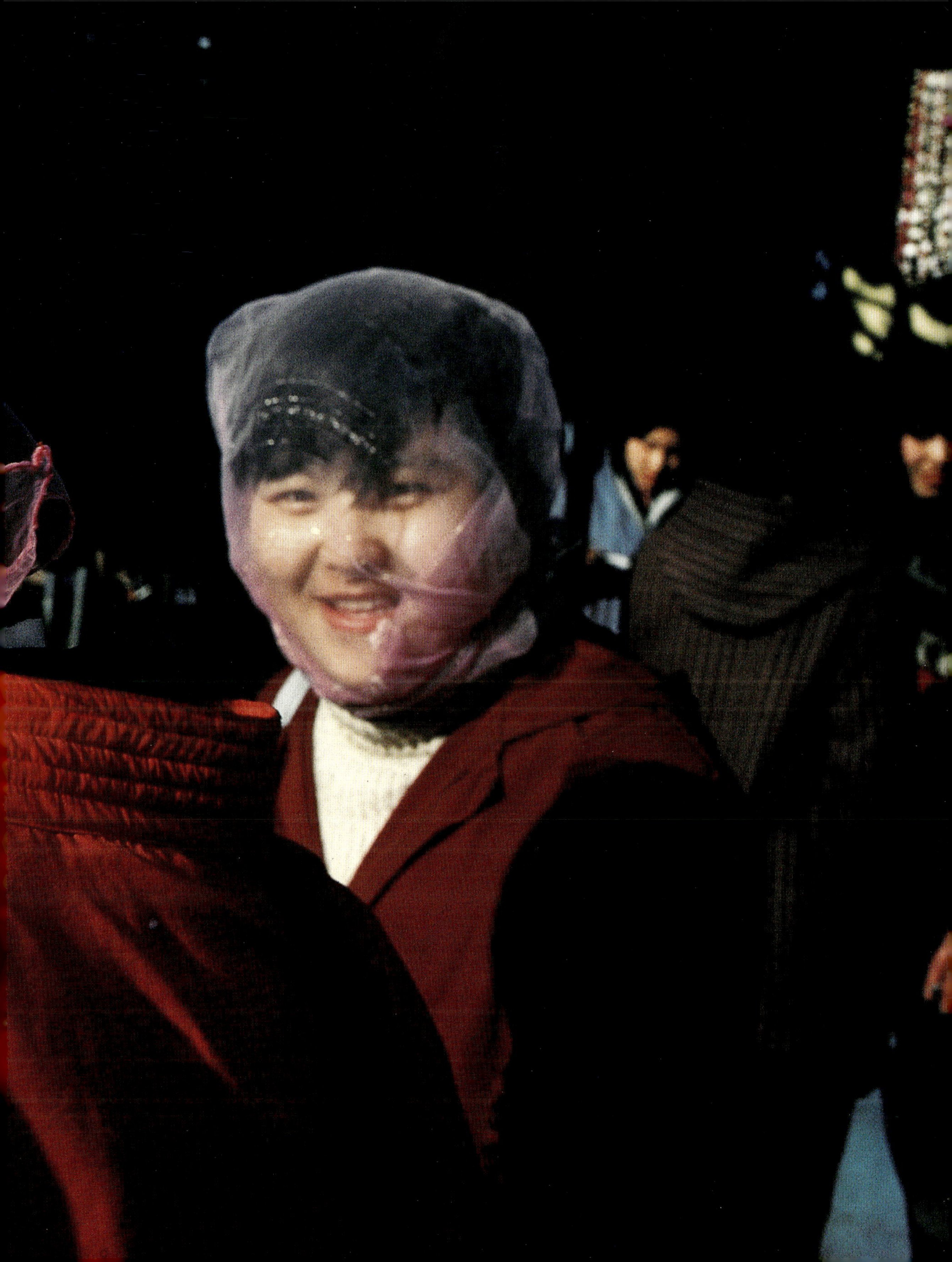

興榮共律日光来

福興樓
福澤同隨春芳

安息主怀

L'encre la plus pâle vaut mieux que la meilleure des mémoires.

La joie est en tout ; il faut savoir l'extraire.

C'est dans l'humilité que l'on apprend le plus.

Savoir, action, constance, loyauté sont les moyens du maître.

Revenir sur les choses anciennes et en apprendre de nouvelles.

Qui fait de sa passion un champ à cultiver prend les sages pour maître.

Voir ses défauts avec les yeux des autres.

Les grands échecs résultent de la non-connaissance de soi.

À volonté, réussite.

Accueille le soleil levant.

Magnanime envers les autres, exigeant envers soi.

Ne pas fonder sa joie sur les choses extérieures ;
ne pas céder à sa propre tristesse.

Ne te réjouis pas d'un gain ; ne t'attriste pas d'une perte.

Avant de dessiner un bambou, laisse-le croître en toi.

Discerner ce qui n'est pas montré, entendre ce qui n'est pas dit.

Vouer sa vie à l'humanité, ne pas prendre à l'humanité pour sa vie.

Respecter les autres, être respecté.

La colère vieillit, le rire rajeunit.

Refréner une colère, s'épargner tant de regrets.

L'écriture s'apprend aux dépens du papier ;
la médecine aux dépens des malades.

Savoir que le savoir ne peut savoir est le plus haut savoir.

Indulgence envers autrui, sévérité envers soi inspirent amitié et respect.

Promettre trop est une honte pour un homme de bien.

La droiture, toujours, quitte à blesser.

Agir pour le meilleur, se préparer au pire
et accepter ce qui vient.

湖
玉

民潮地
天

寶

Un voyage de mille li commence par un pas.

La grande vertu est comme l'eau,
elle est bonne pour toute chose.

L'harmonie est loi universelle.

Trop loin à l'Est, c'est l'Ouest.

Sans franchir sa porte, on peut connaître le monde.

Éviter le plein, occuper le vide.

C'est du vide que dépend l'usage.

Plus le sage donne, plus il reçoit.

Humilité, grandeur.

Qui sait s'arrêter ne s'affaiblit jamais.

Si le ciel veut sauver un homme, il lui envoie l'amour.

Connaître les autres est sagesse.
Se connaître est sagesse supérieure.

Se contenter de ce que l'on a, c'est être riche.

La Vertu suprême ignore la Vertu.

Qui parle beaucoup est réduit au silence.

Le nom que l'on donne à la Voie, le Tao, n'est pas un nom.

Le Deux en Un est mystère qui ouvre les portes au merveilleux.

Ne pas brandir ce qui fait envie, chacun vivra en paix.

Concentrer la force du souffle, devenir aussi souple que l'enfant.

Purifier sa vision intérieure, la rendre cristalline.

Si les puissants savaient, tout irait au mieux sous le Ciel.

Que la Voie soit le but, la Vertu le jeu,
le Bien la racine, et les Arts le délassement.

Une rencontre est le fruit du hasard céleste.

中国武当

1998

LA MÉTAMORPHOSE DU DRAGON

Automne à Pékin, en 1970. L'automobile était une rareté réservée aux Chinois d'« en haut ». La pollution était inconnue. Les mouches avaient été éliminées, les oiseaux aussi, il y avait d'ailleurs si peu de viande ou de pain à grignoter.

Itinéraire favori des badauds, sorte de faubourg Saint-Honoré prolétarien, la rue Wangfujing était bordée de magasins, mais on ignorait ce qu'ils vendaient, car les devantures étaient toutes garnies des mêmes portraits et citations de Mao, des mêmes drapeaux rouges, des mêmes héros rouges. La société de consommation était inconnue, comme la concurrence.

La sexualité, les sentiments étaient cachés, l'hiver, dans l'ouate des manteaux de toile des passants, uniformes verts, bleus ou noirs selon l'appartenance militaire, ouvrière ou paysanne de ceux qui les portaient. L'été, les filles aux nattes identiques ou coiffées à la « bol de riz » sous leur casquette n'osaient pas encore la robe, la mode pantalons sacs à patate était la règle.

Comme les oiseleurs, les pigeons musiciens et les diseurs de bonne aventure avaient été jetés à la poubelle des « vieilleries », il fallait bien une note de poésie. Au solstice d'hiver, quand le ciel est le plus pur et le froid le plus sec, la lumière du soir irisait d'un châle doré cette capitale de tout temps grise, et pour le moment fardée de rouge. On entendait parfois les vocalises d'un cycliste échappé solitaire de la foule à bicyclette : « Que le drapeau rouge flotte partout dans le monde !/ Même si je dois pour cela franchir une montagne de sabres et des océans de flammes./Le danger ne saurait m'effrayer./Comme j'aimerais ordonner à la neige de fondre/Afin qu'une ère de printemps commence pour tous les peuples ! »

Merci, Mao, pour cette bouffée d'un exotisme tout neuf, pour ce rayon d'utopie qui faisait alors vibrer, sur nos continents où « le vent d'ouest s'inclinait devant le vent d'est », la génération montante des normaliens, futurs planificateurs, banquiers et technocrates, fascinée par l'impossible rêve révolutionnaire. La Chine devait bien celer quelque trésor inconnu, sinon, à quoi bon cette *terra incognita* si elle n'était que notre pauvre miroir ?

Mao, célébré dans ces années 1970 comme un « phare de la pensée mondiale », s'est quand même trompé : il était persuadé que l'Histoire commençait avec lui.

Trente ans plus tard, la rue Wangfujing n'existe plus, elle a succombé aux dollars des Hongkongais bâtisseurs de palaces. Pékin, ville si longtemps horizontale, est hérissée d'immeubles rivalisant d'aplomb. Des concepts inconnus comme la concurrence et la consommation règnent sur une capitale où le flot automobile déborde et chasse cyclistes et piétons. Les plans de la ville, l'annuaire téléphonique, jadis introuvables secrets d'État, sont désormais superflus : Internet a installé son règne, les villes chinoises battent des records mondiaux en consommation de téléphones portables.

Le monde nouveau s'uniformise, mais, telle une planète encore à découvrir, la Chine continue de faire rêver. Moins, cette fois, les intellectuels que les capitalistes. C'est un « eldorado », s'émerveillent-ils. S'ils avaient une mémoire chinoise, ils se souviendraient des annales impériales et leur succession de drames et farces dont on voit les figures repasser sur la scène de la vie. « Mêmes passions, même intrigue, même dénouement, les noms seuls changent », rappelait au début du XXe siècle le jésuite Léon Wieger, ajoutant une note de sobriété : « Il ne se peut plus rien de neuf chez ce peuple suranné. » Le bon père infirmait avec un demi-siècle d'avance la prédiction de Mao, qui voyait son pays comme « une page blanche sur laquelle on peut écrire les mots les plus neufs et les plus beaux » !

Le monde nouveau s'uniformise, mais les murs de Pékin, cité palimpseste, gardent la parole. Comme les visages et les paysages de Chine, ces pierres renferment la durée sans fin du monde chinois, de ce long et lourd passé qui le protège et le guide d'un séisme à l'autre. Vingt ans après la mort de Mao en 1976, le nom et les slogans du président timonier s'évanouissent dans le salpêtre, alors que les vieux préceptes des dynasties impériales vantant les femmes vertueuses et les ministres intègres continuent d'orner les portiques du Palais d'Été. Vous ne trouverez plus de rues Anti-impérialiste, du Soleil rouge, du Vent d'est, de la Victoire des masses ou de l'Insurrection de la moisson d'automne, car le labyrinthe du vieux Pékin a recomposé le poème de sa vie de tout temps, en rendant leurs noms à ses itinéraires familiers : rues de la Clarté magique ou du Tigre noir, ruelles de la Rosée douce, de la Loyauté pure, des Lumières intellectuelles, et celle des Tonneaux d'alcool. Mais il faut se dépêcher d'y aller flâner, la modernisation risque de les engloutir à leur tour, car on ne peut exclure que les modernisateurs aient leur plan d'un succédané de Chinatown… à Pékin.

En ce temps-là – les années 1970 — Pékin était une ville de murs et de portes, une cité d'interdits. J'entrebâillais un lourd portail, croyant qu'il donnait sur la cour d'un temple. Mais un gardien me refusait l'entrée, sous le prétexte que l'endroit était « en travaux ». Il ne pouvait avouer que le sanctuaire servait de caserne. Aujourd'hui, comme toute la Chine, sa capitale ne s'ouvre qu'avec hésitation à la curiosité des « gens de l'extérieur » (*laowai*, les étrangers), qui devront en toutes circonstances s'habituer au refrain « il faut chercher l'homme qui a la clef ». Sans cette antienne, le rituel chinois perdrait de son charme. Derrière portes et murs s'entasse la poussière du temps, ou bien se cache quelque « potager du sage », selon l'expression de François Cheng, où les feuilles de l'arbre retombent vers ses racines, comme la Chine vers les siennes.

Pour célébrer la fin de la Révolution culturelle et l'avènement de l'« ouverture » au début des années 1980, le peintre Mao Lizi a consacré son art aux… serrures, moins sans doute pour verrouiller le temps ou cadenasser le potager de la vieille Chine que pour marquer le seuil d'une époque. Inutile de forcer les battants rougeâtres des portes du quartier de Shishahai, le lac des Dix Monastères dans le nord de la ville : les lobes de fer ou de cuivre qui les tiennent s'ornent de figures de lions, de dragons, de cigognes ou encore de fleurs de lotus qui, en plein an 2000, ressuscitent la féerie du Pékin de tous les âges. Les portes restent fermées, mais le spectacle est dans les bistrots et gargotes des berges des lacs de Devant et de Derrière, joints sous le Pont du Lingot d'or, non loin de la Porte du Tambour, sous le balcon du vieux restaurant mongol Kaorou ji, dont les célèbres grillades de mouton faisaient déjà les délices des résidents étrangers pendant les années Mao. Roger Darrobers, attaché culturel français en 1998 et piéton de Pékin dans l'âme, a déchiffré là, au fronton d'une porte, un distique datant du père Confucius montrant combien, dans sa marche en avant, la Chine maîtrise l'art, ou l'illusion, d'avancer à reculons : « Loyauté et générosité se perpétuent de longue date dans la famille, Poésies et documents se transmettent sur des générations »[1]. Seuls les mots « loyauté » et « poésies » ont triomphé du temps, mais quel souffle à côté des restes de badigeons maoïstes !

1. Roger Darrobers, *Pékin au détour des rues et des ruelles*, Éd. Bleu de Chine, Paris.
2. Un li = 500 mètres.

Nous ne sommes qu'à quelques centaines de lis[2] du parc de Beihai, ensemble lacustre aménagé au XIIIe siècle par les empereurs mongols. On pouvait y voir Jiang Qing, l'épouse officielle de Mao, caracoler sur un cheval noir dans les années 1970. Le lac et ses jardins restaient alors fermés au badaud impénitent qu'est le public chinois.

Eh bien aujourd'hui, depuis l'an 2000, une fois traversée l'avenue de la Paix terrestre, vous retrouvez, sous les murs des vieilles maisons princières, au bord des lacs, une ambiance un rien germanopratine. On y entend le jazz, joué par les élèves du Conservatoire, qui avaient déjà opéré leur reconversion des airs patriotiques et révolutionnaires à la musique de Beethoven et autres « fleurs vénéneuses » du répertoire « bourgeois ». « Aujourd'hui, les Chinois aiment Brahms » sourit Liu Yuxi, professeur au Conservatoire. Pour ses élèves, il a fait inviter en Chine Isaac Stern et Yehudi Menuhin. D'autres jeunes musiciens tentent allègrement le grand écart des siècles. Ils ont appelé leur groupe pop Tang dynasty… du nom d'empereurs qui régnèrent de 618 à 907 : guitares électriques et clarinette chatouillent la nostalgie des consommateurs de café glacé en interprétant la mélodie de *La fille aux cheveux blancs*. C'était pourtant « le » tube du règne de Jiang Qing, l'épouse de Mao, dans les salles obscures dans les années 1960-1970. La diva de l'art prolétarien l'avait puisé dans le répertoire paysan pour l'adapter à ses opéras et ballets « à thème révolutionnaire contemporain », diète d'une demi-douzaine de pièces infligées aux « masses » pendant les dix dernières années du maoïsme.

Le général Wang Zhen, vieux compagnon que Deng Xiaoping surnommait « le canon », n'avait pas tort de s'inquiéter des nouvelles vogues suivies par les héritiers de sa Chine pop à lui : « Un jour, ils nous feront swinguer *L'Internationale* ! » s'indignait-il en 1992. Ce seigneur de guerre au cœur de tigre ignorait sans doute qu'il était en présence d'une culture des catacombes. En 1970, Pékin était une termitière, toute la population pelletait quotidiennement pour creuser des abris souterrains supposés la protéger d'une attaque… soviétique. Or quinze ans plus tard, les dirigeants ne parlaient plus de « guerre inévitable » mais « de paix à préserver ». Alors, dans les terriers de Pékin, germa le « pouvoir des fleurs », la jeunesse y cachait ses amours, elle y cultivait aussi son rock.

Certes, l'Occident n'a d'yeux aujourd'hui que pour les minijupes des punkettes et le tintamarre techno des boîtes de nuit, les orchestres rap ou hip-hop, la génération aux cheveux rouges ou jaunes pour qui « les voyous peuvent toujours devenir des modèles pour les jeunes ». Mais Wang Zhen aurait plutôt dû avoir à l'œil ses contemporains, ces vieux Pékinois qui resteront les héros secrets de la résistance à une mise au pas totale. Si la capitale garde un peu de sa saveur et de sa patine malgré le vandalisme d'il y a trente ans et les grands travaux préolympiques, c'est grâce à eux. Regardez-les, sur la rive orientale du lac de Devant, jouer aux cartes ou aux échecs chinois, tranquillement assis sous les saules pleureurs et les charmilles. Je les tiens pour les vrais princes de Pékin. Les vainqueurs du temps, écrivait déjà en 1912 Victor Segalen. On dirait qu'ils siègent là, sur leurs petits tabourets, depuis toujours, quelles que soient les intempéries politiques. Des rides de leur visage, de la tavelure même de leur crâne de bonze, de leurs yeux pétillant sous les plissures, émane une lueur, c'est le sourire entendu d'un peuple incrusté sur un fond immémorial, impavide et tendre. Sur les deux cordes de leur erhu, la viole chinoise, ils grattent quelques notes qui ne sont ni des larmes ni de l'allégresse, mais peut-être les deux à la fois. Ce grand-père qui tient par la main son bambin pour attraper les minuscules crevettes du lac, qu'on fera sécher pour parfumer le repas, c'est l'ancêtre qui guide l'enfant dans la mémoire du bon goût chinois.

Une quinzaine d'années avant que les familles ne gavent leur rejeton au McDonald's installé en 1993 à la place de la grande librairie Chine nouvelle, à l'entrée de la rue Wangfujing, j'ai rencontré là une étudiante qui savait déjà que l'Albanie marxiste-léniniste d'Enver Hoxha, à l'époque de Mao « unie à la Chine comme les lèvres aux dents », n'était pas le plus grand pays du monde après le sien. Elle avait surtout faim de connaissance sur le reste du monde. « On dit qu'il y a des champs au milieu de Paris, qu'y faites-vous pousser ? » Pour elle, après deux ans d'étude du français, les Champs-Élysées restaient un triangle d'or de… l'agriculture française !

La police en civil traque cette jeune fille qui ose braver l'interdit d'une conversation avec un étranger, au beau milieu de la foule déambulant sur l'avenue Chang An, à l'orée de la place Tian Anmen . Nous allons nous cacher derrière des bosquets du parc des Bambous pourpres, où le frémissement des feuillages trahit les ébats cachés de jeunes couples. Ses yeux limpides reflètent l'éternelle et troublante adolescence des Chinois, héritiers de quarante siècles de culture racontée, mais toujours traités comme s'ils venaient de naître. La police de la pensée unique, encore vivace à l'époque, a planté dans ce jeune cerveau des avertissements contre les malfaisances d'un monde extérieur dont le grand tort est de ne pas être chinois. Ses questions reflètent son inquiétude : « Tous les jeunes, chez vous, prennent-ils de la drogue ? » « Pourquoi importez-vous des travailleurs étrangers ? » « Est-ce vrai que les hippies sont des vagabonds qui refusent de travailler ? » demande-t-elle encore.

Je lui raconte la performance, en 1971, de Glenn Cowan, le « hippie » de l'équipe de pongistes américains invités par Pékin. Il dansait le twist sur l'air de l'hymne à Mao *Pour naviguer en haute mer il faut un timonier, pour faire la révolution, il faut la pensée maozedong*. Héros de la diplomatie du ping-pong du Premier ministre d'alors Zhou Enlai, un an avant la visite historique de Richard Nixon à Pékin en 1972, l'étudiant californien avait amusé la foule de Tian Anmen , avec son grand chapeau et sa chemise à fleurs. Pour la première fois il était permis aux Chinois de rire de tout cœur. « Avec une petite balle blanche, nous ferons tourner la tête des gens du monde entier » avait lancé le chef du gouvernement, au mieux de sa prestance de charmeur. Mais notre étudiante reste pratique : « Quelle est la différence entre un supermarché et un grand magasin ? » La réponse s'imposera dans les années 1990, quand les étoiles du commerce multinational auront eu raison du principal grand magasin des années Mao, le Baihuodalou, le « magasin aux cent marchandises », étape obligée de la promenade à Wangfujing. La demoiselle conclut, après un silence réfléchi : « Ce qu'il nous faut, à nous les Chinois, c'est la liberté… » Sous Mao, on pouvait être arrêté pour lèse-majesté si l'on disait : « Il y a un point noir dans le soleil. » Cette époque s'est éloignée à la fin des années 1970, moment de transition où s'estompe aussi, sous mes fenêtres de l'avenue Chang An, le cliquetis des sabots des ânes et des mules des caravanes transportant chaque nuit sur le macadam désert les choux, les bidons de soja et sacs de farine, les pastèques et patates douces destinées au ravitaillement de Pékin. Les chameaux qui les escortaient parfois se sont repliés vers les déserts voisins.

Deng Xiaoping, le nouveau maître du pays à partir de 1979, ose alors un blasphématoire « même le soleil se couche ». Tout le monde pense au crépuscule de Mao, décédé trois ans avant l'arrivée au pouvoir de l'« architecte des réformes ». Il avait lancé à la jeunesse chinoise un appel entendu en 1968 jusque sur les campus américains, mexicains, français, japonais même : « Vous êtes comme le soleil à cinq heures du matin, l'avenir vous appartient ! » Un étudiant en mal d'université, Xiao Wei, figurait dans les régiments du bel âge – quinze à vingt millions de gardes rouges – élancés avec leurs bannières et leurs portraits du « président » à la découverte de leur « avenir ». Ils défilaient chaque soir sur l'avenue Chang An, « descendant à la campagne », comme on disait officiellement, pour y être « rééduqués par les paysans pauvres ». « C'est quoi le socialisme ? Sans doute pas un modèle pour nous » confie en 1980 Xiao Wei, adossé au mur vert pâle du minuscule appartement de ses parents chez qui il vient de revenir clandestinement après dix ans de « rééducation » à la campagne. Un tube de néon éclaire une expression recopiée dans un livre de Lu Xun, écrivain rebelle mort avant l'instauration de la République populaire : « La jeunesse chinoise ne manque pas d'« aînés » et autres « maîtres à penser ». L'héroïne d'un romancier shanghaien, elle aussi demi-solde de la garde rouge, sait que l'aventure d'un avenir imprévu l'attend, elle comme des millions d'autres : « Chacun est le fils de son temps, nul ne peut choisir son époque »…

Avec Deng le « petit timonier », la Chine émerge à tâtons des années spartiates, entre les écailles d'un vernis glacé, à la recherche de son bien-être. Dès 1979, les tireurs de pousse, bannis depuis vingt ans comme legs infamant du « féodalisme », sont de retour avec leurs rires et leurs coups de gueule. Comme le vacarme de la civilisation automobile et les cris des marchands ne l'ont pas encore envahie, la capitale profite de ses restes de silence paysan. On entend à nouveau la fugue céleste des vols de pigeons, le sifflement harmonieusement étudié des petits roseaux accrochés sous leurs ailes. Du fond de leur petite cage de feuillages ou de leur boîte de porcelaine ou d'écorce de coloquinte, les grillons lancent leurs stridulations, petite musique d'été pour les soirées encore froides. On ne parle pas encore de « socialisme de marché », pourtant, une immense curiosité se lève sur les banlieues, où des villageois dressent leurs étals de légumes, de viande gelée et d'œufs de canes. Mais le marché le plus couru est le marché aux oiseaux. Les vieux sont maintenant libres de les promener dans leur cage en osier. Maintenus dans le noir par des étoffes brunes ou bleues, les oiseaux chantent dès qu'on ouvre ces rideaux sur la lumière, et leurs maîtres « parlent » avec eux… en sifflant.

Des balcons s'échappent les zébrures annonciatrices d'une nouvelle ère, une autre manière de révolution : de 1980 à 1982, cent millions de Chinois se sont équipés de téléviseurs, qu'on ne voyait auparavant que dans les bureaux officiels, diffusant une ou deux heures par soir des films édifiants sur les prouesses du socialisme des campagnes et des usines (on ignorait encore que c'était du cinéma). Quelques années plus tard, quand la couleur aura supplanté le noir et blanc, un paysan pauvre des montagnes du Shaanxi, dont la fille rêvait d'une télé couleurs, collera sur l'écran des feuilles de plastique coloré… À Da Xing, à 30 kilomètres à l'ouest de Pékin, beaucoup de foyers ont une télé et une machine à laver. Peu importe que l'électricité tarde au rendez-vous, les téléviseurs servent d'autel des ancêtres, et les machines à laver sont utilisées comme baquets. C'est le symbole qui compte.

Dans le téléfilm *Le Chemin* un jeune premier se pavane devant sa petite amie : « S'il n'y avait que les loubards et les flics pour porter des lunettes de soleil et des souliers pointus, la vie ne serait pas drôle ! » Le quotidien *Pékin-Soir* a ouvert une rubrique Courrier du cœur. Un métier oublié, marchand de journaux, réapparaît, les titres rivalisent d'appas : « Vivez un amour sublime », « Les besoins des amoureux », « Chagrin d'amour » ! Dans cette Chine secouant son maquillage, la presse officielle se félicite, entre ses rappels à l'ordre idéologiques, du boum sur les ventes de rouge à lèvres et crèmes de beauté.

À l'affiche sur les murs de Pékin et de Shanghai, Charlot, dans *Les Temps modernes*. Mais *Le Pousse-pousse* attire aussi les foules : le film est tiré d'un roman de Lao She, le chantre du vieux Pékin, « suicidé » pendant la Révolution culturelle. Les Pékinois retrouvent leur ville. « Il faut connaître la vraie société ancienne, certains en ont exagéré les aspects les plus sombres à des fins de propagande » se permet le metteur en scène du film, Lin Zifeng.

Le génie de la Chine ancienne, c'est Confucius. Au début des années 1970, en vertu de l'adage « attaquer l'acacia en visant le prunier », il fallait crier « à bas Confucius ! », pour en réalité détrôner les ennemis intimes de Jiang Qing, l'épouse de Mao : étaient visés le trop pragmatique Premier ministre Zhou Enlai et son acolyte Deng Xiaoping. Vingt ans plus tard, en pleine frénésie modernisatrice, le régime fête le vieux sage. Mais entretemps, en 1982, à Qu Fu, village de la province orientale du Shandong où naquit Confucius il y a deux mille cinq cents ans, on ne voyait ni antennes de télévision, ni drapeaux rouges d'ailleurs. Les nouilles sèchent en pleine rue, le marteau du ferblantier bat en cadence tandis qu'un bœuf tourne autour d'une meule de pierre, les femmes sont courbées sur le labeur et les hommes donnent des ordres, on se demande si le Maître ne va pas apparaître au coin de la rue. Alors, Mao ou Confucius ? Réponse prudente d'un jeune visiteur, comme s'il craignait un retour de Mao : « Deux grands hommes, ils ont beaucoup œuvré au progrès du pays »…

Si la Chine était telle que l'imaginait le rêveur de la « page blanche », elle serait le pays de l'oubli, un pays qui ne survivrait que par sa Grande Muraille, sa Cité interdite et quelques temples, stèles et animaux de pierre. Dix ans après avoir flairé la résurrection de Confucius au Shandong, je découvre en 1993 au Fujian, autre province côtière, beaucoup plus au sud, le pouvoir magique de cette terre : renaître à partir de rien. Pendant plus de trente ans, le Fujian était resté en pénitence. Le parti communiste ne voulait pas offrir aux « bandits » du Kuomintang (les nationalistes de Tchang Kaï-chek vaincus en 1949), au pouvoir sur l'île toute proche de Taïwan, les routes, voies ferrées et usines dont ils auraient pu profiter dans l'hypothèse d'une tentative de reconquête du continent. Obsédé par les risques de débarquements « impérialistes », Mao avait concentré ses industries au plus profond des terres, à l'ouest, loin de la Chine de l'eau.

Mais voilà qu'avec une énergie à la mesure du temps perdu, les Fujianois transforment leur province en un chantier stupéfiant pour qui avait parcouru quelques années plus tôt cette campagne d'apparence immuable, assoupie dans ses rizières, ses plantations de thé et ses forêts. Sur les routes cabossées, qui n'ont jamais été que leur trimard quotidien, les paysans aux pieds nus gardent un flegme admirable face aux escadres de camions, luxueuses limousines et motoculteurs bricolés en transport en commun. Le hurlement des avertisseurs se mêle aux pétarades et cognements des vieilles machines achetées chez les ferrailleurs des marchés aux puces et remises en service dans d'innombrables ateliers de mécanique, menuiseries et faïenceries. Des familles entières, enfants compris, y travaillent jour et nuit. Les maisons ont encore leur silhouette de balançoire entre ciel et terre, avec leurs faîtages concaves, incurvés au milieu vers les esprits de la terre, et relevés aux extrémités tels des dards pointés vers les menaces du ciel. Ces toits en queue d'hirondelle, on n'en construit plus, « la main-d'œuvre est devenue trop chère » soupire un villageois. Ouvriers et ouvrières, regroupés par familles ou même par clans de plusieurs dizaines de personnes du même nom, sont en marche vers le nouvel horizon du Fujian, cubes géants des usines, tours aux vitrages bleutés qui donnent à la région des airs d'immense salle de bains. Partout, les bulldozers raclent la terre rouge, malgré la supplique de l'écrivain local Chen Rishen, dans sa nouvelle *Le Golfe bleu* : « Ne troublez pas le sommeil des montagnes. » Dire qu'à l'autre bout du pays, au cœur de la Chine de la terre, la légende maoïste faisait « danser les montagnes ». C'est ces dernières qui s'endorment aujourd'hui, avec leurs populations paysannes négligées par la modernisation.

Le Golfe bleu des collines qui entrent à leur tour dans la danse est au sud du Fujian, dans la région du Minnan, de vieille tradition rebelle. Il s'ouvre devant la cité de Quanzhou. C'était, il y a huit siècles, sous les Song et les Yuan (Mongols) l'un des tout premiers ports du monde, « le plus vaste », selon le voyageur marocain Ibn Battuta, une « Alexandrie de l'Orient, où les marchandises s'empilent jusqu'au ciel », s'émerveilla un siècle avant lui Marco Polo. Qu'il en rêvât, où qu'il séjournât vraiment en Chine, le Vénitien reste une idole à Quanzhou. Les édiles assurent que c'est de là qu'il s'embarqua à la fin de son périple mongolo-chinois. Le sud de la Chine était alors peuplé de nombreux musulmans, Quanzhou portait un nom arabe, Zaïtun. Le musée de la ville expose les reliques de son extraordinaire passé cosmopolite, stèles, bas-reliefs et statues composent un catalogue lapidaire des civilisations. Des inscriptions en arabe, persan, turc, sanscrit, tamoul, tibétain et même latin voisinent avec des lotus bouddhistes, des croix chrétiennes, des souvenirs du passage des premiers disciples du prophète Mohammed et des missions franciscaines et jésuites, des statuettes khmères et des dieux hindous. Cette cité des anges et des dragons porte encore quelques traces des religions éteintes, des ornements nestoriens, et un temple consacré au prophète gnostique persan Mani, sans doute le dernier au monde, avec un lanternon rougeoyant d'une flamme que l'on continue d'entretenir.

Dans les ruines d'une mosquée, un poète a écrit que « la mort est une coupe à laquelle boivent tous les hommes ». Pour Zhu Yuanzhang, ancien gardien de moutons devenu moinillon puis chef de jacquerie et fondateur de la dynastie Ming en 1368, tout ce qui faisait obstacle à son ambition d'être vénéré, six siècles avant Mao, comme « dieu de lumière », devait s'effacer. Déjà, il fallait « faire table rase du passé ». Pour

Quanzhou, vibrante capitale commerciale, ce fut un premier ensablement. Les ports étaient pour le nouvel empereur des nids de « pirates », c'est ainsi qu'on appela les commerçants. La population émigre alors vers Taïwan et les côtes des Mers du sud (Nanyang), semant les germes de la diaspora chinoise.

La résurrection moderne de Quanzhou commence par les cimetières. Sur les quais s'amoncellent des tonnes de granit expédiées vers Taïwan, les pays d'Asie du Sud-Est et le Japon, pour la dernière demeure des « compatriotes d'outre-mer » qui ne peuvent venir mourir au pays des ancêtres. Les « collines dansantes » sont incisées de plaies blanches d'où est extrait l'« or » du Fujian, son granit. Le long des routes, des dizaines de milliers de femmes et d'enfants le cassent et le retaillent à longueur de journées brûlantes de soleil. Filon miraculeux pour le petit commerce, qui éclipse les magasins d'État. Il répand motocyclettes, parfums occidentaux et bimbeloterie nippone, et aussi l'attirail religieux et funéraire disparu sous Mao : encens, personnages et maisons de papier.

Quanzhou fait revivre un monde qu'on croyait à jamais englouti par les chasseurs de « vieilleries » : chanteurs et musiciens des rues, diseurs de bonne aventure, dessinateurs de portraits d'ancêtres, chamans aussi, ces porteurs de « sorcellerie » condamnés par le parti. Dans les venelles soigneusement repavées, on renvoie à coups de pétards vers leur néant les âmes errantes des morts sans sépulture, que chaque foyer a auparavant rassasiées de gâteaux de riz près de l'autel des ancêtres. Au fond d'une rizière, une procession blanche de la toile écrue des habits d'une famille en deuil suit un cercueil escorté par une fanfare et des pleureuses. Comme tous les rites interdits, le culte des morts a rejailli de toutes les profondeurs chinoises, déterrant le fil d'une histoire que les prophètes de l'homme nouveau croyaient avoir coupée et assommée avec leurs faucilles et leurs marteaux. « Faire table rase du passé ? Mais vous n'y songez pas ! » semblent dire les villageois autour de leur arbre du dieu du sol, dont les branches enrubannées mêlent les effigies de l'ancien panthéon à celles de quelques généraux honorés moins pour leur rang dans la hiérarchie communiste que pour leur réputation de Robins des bois redresseurs de torts. « Jamais depuis la dynastie des Tang on n'a construit autant de monastères », rapporte un sinologue au retour d'un long périple dans les campagnes. Dans bien des villages, un maître taoïste est devenu plus puissant que le secrétaire du parti. Les soirs d'été à Quanzhou, au stade des parades du socialisme, des milliers de spectateurs savourent les saynètes et les mystères du théâtre local, moins rigide que le classique Opéra de Pékin. Le secrétaire municipal à la culture me supplie de ne rien écrire sur le spectacle qu'il me présente, *Mulian* : il est interdit, car c'est l'histoire d'une descente aux enfers. Les entrailles de la terre échappent aux contrôleurs de la pensée.

Le passé surgit des profondeurs, la modernité aussi. Les abris souterrains de Xiamen, la métropole régionale au sud de Quanzhou, se sont métamorphosés en interminables galeries commerciales. Bientôt, la fièvre marchande a débordé vers la surface, où les gratte-ciel profilent le plus invraisemblable des horizons. Les Chinois de la diaspora, souvent caricaturés en pauvres coolies, reviennent en limousines de Taïwan, de leur Malaisie ou de leur Indonésie, vers leur berceau fujianois. Ils financent la restauration des monastères moisis d'abandon aussi bien que la privatisation des usines d'État. Au musée de Quanzhou, des flèches conquérantes montrent les courants de l'émigration. Il est temps de les inverser, les aventuriers des siècles passés renvoient au pays les dividendes de l'exode.

Les aïeux des millionnaires de la diaspora avaient préféré les hasards de l'exil aux certitudes de l'empire désespérément immobile. Si les Chinois d'outre-mer reviennent aujourd'hui au pays, c'est qu'à leurs yeux le pays change. Le dragon chloroformé par les siècles semble toujours impatient de se réveiller. D'aucun pays, on a aussi souvent dit, en trente ans, qu'il « changeait ».

La Belle au bois dormant, c'était Shanghai, dont un magazine parisien, en 2002, célébrait imprudemment l'éclat retrouvé par un « proverbe chinois », en réalité si étranger à la Chine : « Pour construire l'avenir, il faut oublier le passé »... La métropole ne veut pas oublier l'impression qu'elle fit au début des années 1920 au journaliste Albert Londres : « Déesse à vingt têtes et cent quarante-quatre bras, les yeux avides et les doigts palpant les dollars » ! Seulement, tant que palper était interdit, elle cultiva son anesthésie. En 1970, elle gisait dans une brume verdâtre et froide, aussi rouillée que ses tramways, vide jusque sur son Bund, le quai légendaire du fleuve Huangpu où les gratte-ciel Art déco de la finance mondiale avaient été réquisitionnés et bardés de guirlandes et étoiles rouges par ses nouveaux maîtres. Les guides psalmodiaient : « La classe ouvrière et le peuple révolutionnaire de la ville se sont lancés dans l'édification socialiste, la Grande Révolution culturelle prolétarienne a apporté de profonds changements. Les vieilles idées... ont été attaquées... »

Huit ans plus tard, après le rappel de Mao à Marx, le petit dragon shanghaien ouvre un œil. Les jeunes gens se laissent pousser la moustache, à la manière de Lu Xun, l'écrivain révolutionnaire et pessimiste mort en 1936, l'indestructible parangon de l'indépendance d'esprit. La mèche à la Elvis Presley est assez en vogue. Les filles s'offrent des coiffures ondulées, des permanentes, des chevelures caressant négligemment l'épaule. Une bouffée de romantisme enveloppe le café Donghai, anciennement Chez Sullivan, et ses jeunes convives : « Nous pouvons enfin nous amuser après le travail. Pour nous, il ne peut y avoir de socialisme sans liberté. » La curiosité et le bon goût revivent avec le besoin de parler : « Revenez demain matin, conseille un passant au visiteur, avec le soleil, le coin est plus beau, il y a là un vieux marchand de thé qui vient de rouvrir son magasin. »

Malgré ses prétentions de souveraine de l'esprit chinois, Shanghai traîne encore avant de comprendre que « les temps changent » comme le clame la presse officielle. 1984 : sur le Bund, le carillon de l'immeuble des Douanes continue de marquer les heures aux accents de l'Orient rouge. Les autorités ont monté un « marché Potemkine » à l'intention de Deng Xiaoping, de passage en ville, pour lui prouver que « les choses changent ». Mais le « patriarche » tranche : « Rien n'a changé » et tourne les talons. En 1988, on asperge les murs noircis de la ville pour rendre l'ocre du granit, afin d'offrir un décor digne au metteur en scène américain Steven Spielberg, qui va tourner un film sur l'attaque de la ville par les Japonais en 1937, *L'Empire du soleil*.

Lorsque le *Quotidien du Peuple*, la voix la plus autorisée du pouvoir, proclame que la ville a été « ligotée par l'ancien système de planification, il faut passer au plus vite à l'économie de marché », Shanghai comprend qu'elle peut enfin secouer sa torpeur. Un mot qui n'appartient qu'à elle, « *baxiang, baxiang* » (s'amuser, en argot local), revient en vogue. La section municipale de l'Association des femmes de Chine, les dames patronnesses du parti, loue ses locaux aux jeunes filles russes qui viennent danser le french cancan pour une poignée de dollars devant les amateurs de blondes. On est en 1992. Peu importe les étiquettes, lance Deng Xiaoping, « capitalisme » ou « socialisme », l'important c'est de s'enrichir ! Avant, on disait « regarder l'avenir », maintenant on dit « regarder l'argent », les deux expressions sont homophones. La première bourse de l'histoire du régime populaire ouvre à l'hôtel Astor, où Malraux avait niché les rêves brisés de sa *Condition humaine*.

Autrefois « esclave des impérialistes » qui « harcelaient ses femmes », Shanghai ouvre les bras aux étrangers. La municipalité fête General Motors, célèbre Siemens et Krupp qui ont doté la ville du premier train à lévitation magnétique au monde, un bolide que même les Allemands trouvent trop cher : le « maglev, métaphore pour Shanghai », indique la publicité locale, peut atteindre 430 km/h. La célèbre affiche géante montrant Mao entouré de paysans et ouvriers de toutes les couleurs sous le slogan « prolétaires du monde entier, unissez-vous » a inspiré un publicitaire américain. Il a fait coller dans la presse financière anglo-saxonne vendue à Shanghai un placard montrant le chef révolutionnaire affublé d'une cravate et de bretelles, et ses adorateurs bardés de téléphones portables et d'ordinateurs sous des drapeaux rouges frappés des emblèmes du dollar, du yen et du sterling ! Ils sont rassemblés sous une banderole : « Capitalistes du monde entier, unissez-vous ! » Sur les affiches, dans la terminologie officielle même, le mot « consommateur » a remplacé « camarade ». Xintiandi, ancien coin tranquille de l'ex-concession française où Mao et une douzaine de complices avaient fondé le parti communiste chinois en 1921, est devenu le quartier le plus chic et cher de la métropole, avec ses bijouteries, ses boutiques des grands noms mondiaux de la mode, ses bistrots, ses restaurants japonais ou italiens et ses boîtes de nuit. C'est le « must de la bringue », « l'égal de la rive gauche à Paris, ou de Soho à Londres », « un superbe exemple de la fusion harmonieuse du passé et du présent » proclame la municipalité, dans des pages entières de publicité achetées à la presse américaine pour appuyer l'ambition de Shanghai d'accueillir l'Exposition universelle en 2010. Pari gagné depuis le 3 décembre 2002.

En 2010, prévoit-on à Shanghai, un Chinois devrait être en route pour la Lune. D'ici là, à l'automne 2003 en principe, la Chine devait être le troisième pays au monde à envoyer un astronaute en orbite. Liang Qichao, l'un des principaux avocats des réformes en 1898, à la fin de l'empire, voulait se pencher vers « les Chinois d'en bas ». Un siècle plus tard, la Chine regarde « en haut ».

Jean Leclerc du Sablon

基本路线要管一百年，动摇不得。
邓小平

太平洋百貨
PACIFIC

欢迎您带着美好
情光

LAOZI, LE TAO, LE YIN ET LE YANG

Attribué par la tradition au philosophe Laozi (VIe siècle avant J.-C.), dont on ne connaît la vie que par la légende, le « livre de la Voie et de la Vertu », *Daodejing*, est l'ouvrage majeur du taoïsme. L'idée force du livre, constitué d'aphorismes qui peuvent être pris au sens propre comme au sens figuré, est le tao (dao), le principe d'ordre qui gouverne toutes les choses et tous les êtres et, par extension, le principe de perfection totale et d'harmonie absolue. C'est en s'inscrivant le mieux possible dans ce principe d'ordre que l'homme atteint sa plénitude, en appliquant notamment le principe essentiel du « non-agir » (*wuwei*), et peut prétendre, à condition de se soumettre au régime et à la discipline appropriée, à l'immortalité.

Le yin et le yang (qu'il ne faut surtout pas confondre avec le bien et le mal) constituent les deux principes antagonistes et complémentaires du tao.

Dans l'univers taoïste, tout procède du yin ou du yang : le ciel et le soleil, par exemple, sont yang, alors que la terre et la lune sont yin. Le yang est associé à tout ce qui est masculin et le yin, au contraire, à tout ce qui est féminin. Complémentaires, le yin et le yang sont faits pour être associés l'un à l'autre. De leur union (ou fusion) naît l'harmonie suprême qui est le but ultime recherché par tout taoïste.

Malgré son caractère parfois quelque peu ésotérique, le *Daodejing* reste une tentative unique de définition littéraire et poétique du tao, cet axe fondamental de la philosophie chinoise de la nature dont les prémices remontent à la nuit des temps.

La Voie qu'on peut nommer
N'est pas toujours la Voie.
Le nom qui peut la nommer
N'est pas toujours le même.
Innommée, elle procède du Ciel et de la Terre.
Dénommée, elle est Mère de Toutes Choses.
Nous pouvons la pénétrer, même sans désir.
Nous pouvons la considérer, même avec désir.
Ces deux noms sont issus de l'Un.
Le Deux-Un est mystérieux.
Elle est mystère des mystères
Et porte ouverte sur tout ce qui est merveilleux.

Ne pas célébrer les hommes vertueux,
Alors, les combats cesseront !
Ne pas faire cas des choses rares,
Alors, les vols cesseront !
Ne pas brandir ce qui fait envie,
Alors le peuple aura le cœur en paix !
Pour gouverner, le Sage doit :
Faire le vide dans les cœurs,
Faire le plein dans les ventres,
Proscrire l'ambition
Encourager ce qui tient debout
Préserver le peuple du savoir et du désir
Décourager les activistes.
Il doit pratiquer le « non-agir ».
Alors, tout ira bien.

La Voie est un vase vide que rien ne peut combler.
Elle est un bol sans fond d'où chaque chose procède.
Elle émousse ce qui coupe.
Elle démêle les nœuds.
Elle éteint les lumières.
Elle réduit toutes les poussières.
Tapie dans les profondeurs,
L'aïeule du Souverain [le Souverain est le Dieu Unique du Livre des Odes] est
L'enfant dont on ne saura jamais de qui.

Sais-tu faire en sorte que ton âme embrasse l'Un
Dans une fusion indissoluble ?
Sais-tu, en concentrant ton souffle Qi,
Devenir aussi souple qu'un petit enfant ?
Sais-tu purifier ta vision intérieure,
Pour la rendre immaculée ?
Sais-tu aimer le peuple et diriger l'État,
Sans user de finasseries ?
Sais-tu ouvrir les deux battants du Ciel, le Yin et le Yang,
En t'appuyant sur les vertus féminines ?
Sais-tu tout voir, tout savoir,
En pratiquant le « non-agir » ?

Ton œil ne pourra jamais La voir,
Parce qu'on l'appelle sans forme
Ton oreille ne pourra pas l'entendre
Parce qu'on l'appelle sans bruit
Ta main ne pourra pas la prendre
Parce qu'on l'appelle sans forme.
Telles sont ses trois qualités indicibles
Qui se fondent dans l'Un.
Son haut n'est pas lumière,
Son bas n'est pas obscurité.
Elle se meut sans répit, innommée,
Jusqu'à ce qu'elle soit revenue
Dans le pays des sans-choses,
Forme dépourvue de forme, image sans corps,
Illusion et évanescence
En la recevant tu ne vois pas sa tête
En la poursuivant tu ne vois pas sa queue
Aborde la Voie ancienne
Et tu finiras par tenir en main la connaissance
De la quintessence de la Voie.

Naturellement, la plus Haute Vertu
Suit la Voie et rien que la Voie.
Dans le monde réel, la Voie est évanescence et illusion.
On peut y trouver des formes.
On peut y trouver des choses.
Dans ce cas elle n'est qu'un mirage, mais habité par l'essence et la promesse.
Depuis les origines jusqu'à aujourd'hui, son nom a été maintenu.
En contemplant l'essence des choses, comment pouvais-je me douter
Qu'il en était ainsi !

La Voie n'agit jamais et pourtant, tout procède d'Elle.
Si seulement les puissants de ce monde le savaient,
Tout irait pour le mieux, sous le Ciel !

Apprendre, c'est perpétuellement croître.
Suivre la Voie c'est perpétuellement décroître.
Jusqu'au non-agir.
Qui sait ne parle pas.
Qui parle ne sait pas.

LES INNOMBRABLES INVENTIONS CHINOISES

Le célèbre historien et sinologue anglais Joseph Needham, dans son ouvrage *Science et civilisation en Chine*, dont il commença la rédaction en 1948, fut le premier Occidental à recenser systématiquement les inventions chinoises depuis les origines. Elles se comptent par centaines et couvrent des domaines aussi variés que les arts de l'ingénieur, l'agriculture, la médecine, les transports, les mathématiques et, bien sûr, l'art de la guerre, avec l'invention, célèbre entre toutes, de la poudre explosive.

De fait, à l'époque où l'Europe en était encore aux balbutiements de l'Antiquité tardive et du Moyen Âge, la Chine avait déjà tout inventé – ou presque – avant les autres, sans pour autant tirer tout le profit que ses inventions, à l'instar de l'Angleterre après le XVIIe siècle, auraient pu lui procurer dans les domaines économique et militaire. Cette façon particulière dont la Chine traita ses innombrables inventions illustre bien la conception que les Chinois ont de leur pays : empire du Milieu, centre du monde, n'ayant nullement besoin des autres, à l'abri derrière la Grande Muraille, ce grand mur censé contenir, aussi, toute velléité impérialiste de sa part…

Bien souvent, des inventions que nous croyons occidentales sont chinoises.

À commencer, par exemple, par l'imprimerie et le papier. Ce sont les Chinois et non Gutenberg, qui inventèrent les premiers l'imprimerie mobile, laquelle apparaît en Chine dès le VIIe siècle, sous la forme de blocs de bois gravés utilisés principalement par les moines bouddhistes pour assurer la diffusion de leurs textes sacrés. Ce procédé d'impression avait déjà été précédé par l'utilisation des sceaux à cacheter et des estampages sur pierre. On pense que le premier vrai livre imprimé en Chine fut le *sutra du Diamant* dont le colophon porte la date 868 et dont on peut penser qu'il était déjà diffusé à cette époque-là, à plusieurs centaines d'exemplaires.

On citera également l'étrier, sans lequel il n'existerait pas de cavalerie digne de ce nom, dont on trouve en Chine des exemplaires fondus en métal dès le IIIe siècle et qui furent par la suite exportés vers les contrés occidentales, *via* l'Asie centrale, par l'intermédiaire de la peuplade des Avars.

De même, les harnais à traits et à colliers qui permettent la traction de lourdes charges sans mettre à mal l'animal de trait, dont on trouve des reproductions sur des briques datant du IVe siècle av. J.-C., furent inventés par les Chinois quelque mille ans avant leur première utilisation en Europe. Il en va autant pour la brouette dont on sait qu'elle existait déjà en Chine au Ier siècle de notre ère et que la légende attribue à Guo Yu, un adepte taoïste du Sichuan, alors que les bâtisseurs des cathédrales ne l'utilisèrent en Europe qu'après l'an mil.

Au nombre des matières inventées par les Chinois, dont la renommée dépasse très vite les frontières de la Chine et fait l'objet d'échanges importants, on citera, bien sûr, la soie dont la légende attribue la paternité au mythique Empereur Jaune, produite et tissée dès l'époque archaïque, avant de faire l'objet d'échanges intenses avec l'Occident par le biais des itinéraires de la célèbre route de la soie, mais également la porcelaine, inventée dès le IIIe siècle, sous les Han, qui atteindra un degré de raffinement considérable sous les Song (960-1279) puis sera produite de façon industrielle à partir des Ming (1368-1644).

Le système décimal, si essentiel pour la science moderne, trouve également ses origines en Chine dès le XIVe siècle av. J.-C., époque à laquelle on en observe déjà des traces, notamment dans le comptage des jours à usage calendaire et auquel est adapté le système du boulier, autre invention chinoise et ancêtre des premières machines à calcul.

Dans le domaine des armes, la Chine est à l'origine de l'arbalète, inventée vers le IVe siècle av. J.-C. et qui fut la base essentielle des armées chinoises pendant presque deux millénaires, avant l'invention de la poudre explosive par les chimistes chinois vers le IXe siècle. Ce mélange détonnant de salpêtre, de soufre et de carbone sera mis au point de façon progressive et empirique par les aguerris aux pratiques alchimistes telles que les encourageaient les taoïstes. Cette invention donnera lieu à d'autres, telles que les fusées éclairantes et les feux d'artifice qui gagneront à leur tour rapidement l'Europe et que les armées européennes n'hésiteront pas à employer contre les Chinois au moment des guerres coloniales…

Les autres inventions chinoises sont tout aussi fascinantes que poétiques puisqu'on peut citer, aussi, le cerf-volant, le moulinet de canne à pêche, le pont suspendu, l'astrolabe équatorial, les horloges mécaniques, les bateaux à aubes et même l'écluse à sas, qui fut inventée vers l'an mil, pour permettre la navigation des bateaux lourdement chargés sur le réseau de canaux creusés sur tout le territoire dès le début de l'Empire chinois (IIIe siècle av. J.-C.).

LES PRINCIPALES DATES DE LA CHRONOLOGIE DE L'HISTOIRE CHINOISE

Époque néolithique (8000-2500 av. J.-C.)

Époque archaïque et pré-impériale
(2207-1765 av. J.-C.) dynastie des Xia.
(1765-1122 av. J.-C.) dynastie des Shang ou Yin.
(1122-770 av. J.-C.) dynastie des Zhou
(722-481 av. J.-C.) époque des Printemps et Automnes
(480-221 av. J.-C.) époque des Royaumes combattants

Ère impériale : Antiquité
(221-207 av. J.-C.) dynastie des Qin.
(206 av. J.-C.- 220 ap. J.-C.) dynastie des Han

Ère impériale : Moyen Âge.
(220-264) époque des Trois Royaumes
(265-581) époque des Six Dynasties du Nord et du Sud
(581-618) dynastie des Sui
(618-907) dynastie des Tang
(907-960) époque des Cinq Dynasties

Ère impériale : période mandarinale
(960- 1279) dynastie des Song
(1279-1368) dynastie des Yuan
(1368-1644) dynastie des Ming
(1644-1911) dynastie des Qing

République chinoise.
1er janvier 1912, inauguration de la République de Chine.

République populaire chinoise
1er octobre 1949, proclamation de la République populaire chinoise
1966-76, Révolution culturelle jusqu'à la mort de Mao Zedong.
1979, début de l'ouverture et des réformes par Deng Xiaoping.
2003, Hu Jingtao devient président de la République populaire de Chine.

CONFUCIUS ET SES ENTRETIENS

Les Entretiens *de Confucius constituent l'un des textes fondamentaux de la pensée chinoise.*

Confucius naquit en 551 av. J.-C. au pays de Lu (aujourd'hui Shandong) et y mourut en 479 av. J.-C., en prononçant, dit-on, ces paroles : « Ma vie n'a été qu'un échec, je n'ai jamais rien accompli. » La tradition veut qu'il ait délivré son enseignement à 3 000 élèves sous un abricotier, dans son village natal de Qufu. S'il ne réalisa pas ses ambitions politiques, c'est là qu'il élabora la doctrine qui laissa son nom à la postérité. À ce titre, on peut considérer qu'il fut le fondateur de la première école laïque.

Les *Entretiens* jettent les bases d'une morale sociale autant que d'une philosophie politique. Les vingt livres qui les composent ont été compilés par ses disciples. La philosophie confucéenne prend la forme d'un enseignement destiné à restaurer un ordre ancien idéal pour éviter le chaos dans lequel risquait de sombrer la société chinoise à l'époque des Royaumes combattants. Confucius définissait ce chaos comme la perte de la Voie (*dao*) – ou « Mandat Céleste » – qui, privant le souverain de toute légitimité, l'empêchait de gouverner correctement. La perte du Mandat Céleste deviendra d'ailleurs la principale hantise des empereurs de Chine. Aussi, l'idéal tel que le propose Confucius est-il celui de l'Homme de Bien (*junzi*) qu'il oppose à l'homme de peu (*xiaoren*). La formation morale de l'Homme de Bien est essentielle s'il veut atteindre le Principe du Bien (*ren*), cette vertu d'humanité suprême, fondée notamment sur le respect de l'autre qui, selon le philosophe, est indispensable à l'harmonie de la société. Soucieuse du respect des rites et des textes anciens, la morale confucéenne cultive également le sens de la hiérarchie et le souci de la modération (le « juste milieu ») dans le jugement et le point de vue.

En jouant sur le phonème *zheng*, qui recouvre à la fois l'acception de « gouverner » et de « rectifier », Confucius met en avant le sens de la rectitude, nécessaire, selon lui, au souverain « vertueux », seul capable de gouverner correctement.

Réhabilité en Chine dans les années 1990, le confucianisme, qui fait désormais l'objet de symposiums internationaux, destinés à mieux le faire connaître et à le faire évoluer, a inspiré de nombreuses Constitutions d'États asiatiques au premier rang desquels on trouve Singapour.

Les extraits suivants des *Entretiens* permettent de mieux comprendre en quoi consiste le confucianisme.

N'est-ce pas un plaisir d'apprendre et de mettre en pratique ce que l'on a appris ? N'est-ce pas une grande joie de recevoir un ami qui revient de loin, partage les mêmes idéaux et suit la même Voie ? Ne reconnaît-on pas un Homme de Bien au fait qu'il ne s'offusque pas quand il n'est pas compris ?

Chez eux, les jeunes doivent être respectueux envers leurs parents ; en société, ils doivent l'être devant leurs aînés. Ils ne doivent pas faire des promesses qu'ils ne sont pas capables de tenir. Ils doivent être attentifs aux autres, surtout envers ceux qui pratiquent le ren. S'il leur reste du temps, ils peuvent se consacrer aux arts et à la culture.

N'aie pas peur de ne pas être reconnu par les autres mais plutôt de ne pas les connaître.

Celui qui s'appuie sur la Vertu pour gouverner est comparable à l'étoile polaire, cet immuable centre d'attraction de tout l'univers.

L'Homme de Bien doit être impartial et viser l'Universel ; l'homme de peu, qui ignore l'Universel, est un homme sectaire.

L'homme qui ne tient pas parole ne sert à rien. Pas plus qu'un char à bœufs sans joug ou une voiture dépourvue d'attelage.
Les vrais Hommes de Bien ne cherchent jamais l'affrontement.

Les richesses et les honneurs sont ce que les hommes désirent le plus au monde et pourtant, mieux vaut y renoncer que de s'écarter de la Voie. Déchéance et pauvreté sont ce que les hommes craignent le plus au monde et pourtant, mieux vaut les accepter que de s'écarter de la Voie. Un Homme de Bien qui se départirait du ren ne serait plus digne de ce nom. L'Homme de Bien ne s'en départit jamais, pas même le temps d'un repas, ou même pressé de toutes parts.

Ceux qui se laissent guider par leur seul égoïsme s'attirent la haine et la rancune.

L'Homme de Bien vénère la Vertu. L'homme de peu chérit les biens matériels. L'Homme de Bien a le sens de l'intérêt général, l'homme de peu ne pense qu'à ses petits avantages.

Les Anciens étaient peu loquaces, par crainte de ne pouvoir mettre leurs actes en accord avec leurs paroles.

Sois maître de toi-même et tu commettras peu d'erreurs.

Le « Juste Milieu » ! Qu'y a-t-il de plus élevé ? C'est malheureusement un comportement trop peu partagé.

L'enseignement du maître se résume en quatre points : l'étude des textes anciens ; la pratique de la Vertu ; la loyauté envers son supérieur et la fidélité à la parole donnée.

Le maître est doux et ferme à la fois ; imposant et accessible à la fois : poli et authentique à la fois.

Il faut montrer au peuple la Voie à suivre sans se croire obligé de lui en expliquer les raisons.

Apprendre, c'est craindre de ne pas atteindre son objectif et de perdre ce qu'on a déjà gagné.

Est clairvoyant celui dont la pensée ne se laisse influencer ni par les insinuations calomnieuses ni par le sabre coupant de l'accusation aveugle. Bien plus, le clairvoyant est celui qui voit plus loin que les autres.

Gouverner, c'est veiller à ce que le peuple dispose d'assez de vivres et d'assez d'armes et surtout s'assurer sa confiance.

L'équité est la qualité principale de l'Homme de Bien. En s'appuyant sur les rites, il la met en pratique et par sa discrétion, il la met en avant.

Les Cinq Qualités sont celles de l'Homme de Bien : il est capable d'être généreux mais sans ostentation ; il est capable de faire travailler le peuple sans susciter sa rancœur ; il est capable d'avoir de l'ambition mais sans convoitise ; il sait demeurer grand seigneur sans prendre de grands airs ; il sait être imposant mais sans intimider.

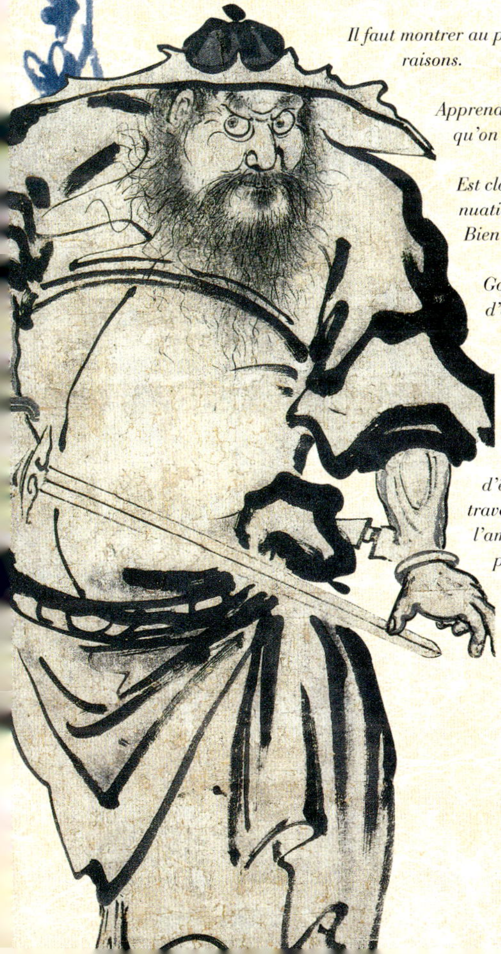

LE BOUDDHISME CHINOIS

Né en Inde au VIe siècle av. J.-C., le bouddhisme, religion du salut à vocation universelle, pénétra en Chine dès le début de l'ère chrétienne, par la route de la soie. Il y trouvera un terreau particulièrement fécond. Son acclimatation rapide au monde chinois fait bientôt du bouddhisme une des grandes religions de la Chine, marquant profondément les mentalités – il se combinera facilement avec la morale sociale du confucianisme et le goût pour la méditation et la retraite prôné par le taoïsme –, mais inspirant aussi la littérature et les arts en général (peintures murales, pagodes ou tours commémoratives à étages directement dérivées du stupa indien, grottes ornées et peintes, statuaire, orfèvrerie, etc.). Le bouddhisme donna aux Chinois le sens de l'infinité des espaces et du temps ainsi que le goût pour l'ornementation et le luxe. Car contrairement à son idéologie, basée sur le renoncement aux richesses et aux biens matériels, la pratique cultuelle bouddhique ne répugne pas au grandiose et à la théâtralité.

Même l'économie chinoise sera marquée par cette religion du salut où chacun est responsable de ses actes et où le nirvana se gagne par un comportement éthique qui suppose notamment qu'une partie des richesses gagnées par les adeptes soit redistribuée au profit des communautés monastiques. Des pratiques indiennes comme le prêt sur gage ainsi que la redistribution d'une partie de la richesse aux plus pauvres, par le biais des monastères, constituent un apport non négligeable au goût des Chinois pour le commerce et à leur ardeur au travail qui contribueront à l'essor économique de la Chine sous la dynastie des Tang (618-907).

Ce sont des moines parthes (An Shigao, actif à Luoyang de 147 à 170), indo-scythes (Zhu Fahu, actif à Dunhuang de 265 à 313) et surtout koutchéens, avec le célèbre Kumarajiva (344-413), opérant dans les monastères situés au cœur des principales oasis de la route de la soie, qui assurèrent la traduction en chinois des milliers de sermons (*sutras*) en sanskrit censés avoir été prononcés par le Bouddha, permettant ainsi à son enseignement et à sa doctrine de se diffuser massivement dans toutes les villes chinoises.

Pendant les quatre premiers siècles de notre ère, l'implantation du bouddhisme se fit par assimilation et adaptation à la mentalité chinoise, sans vouloir s'ériger en substitut mais plutôt en complément. Au cours des quatre siècles suivants, ceux du bouddhisme triomphant, celui-ci accéda au rang de religion officielle. Les empereurs chinois, alors, s'efforcèrent de le défendre et de le faire respecter.

La mentalité chinoise ignorait la notion de rétribution des actes, la croyance dans les renaissances multiples ainsi que les effets magiques de la répétition orale, écrite et figurée, de même que l'analyse du monde, fondée sur la notion de douleur, telle que la développa le Bouddha Gautama. En ce sens, l'introduction du bouddhisme en Chine peut être considérée comme une véritable révolution religieuse et sociale tant les caractéristiques du bouddhisme sont éloignées, *a priori*, des deux autres grands courants confucéen et taoïste.

L'un des symboles de la « sinisation » du bouddhisme en Chine reste, à cet égard, le changement de sexe du bodhisattva Avalokiteçvara, qui deviendra l'une des divinités chinoises féminines les plus populaires sous le nom de Guanyin.

C'est le bouddhisme dit du Grand Véhicule (*Mahayana*), où l'accent est mis sur la réflexion méditative, grâce à l'apport de sutras au succès immense, comme celui du *Lotus de la Vraie Loi*, qui se développera de préférence à celui du Petit Véhicule (*Hinayana*), nourri davantage de ritualisme. Sous l'influence du moine légendaire Bodhidharma, la forme la plus chinoise du bouddhisme, le chan (en japonais, zen), dérivé du terme sanskrit *dhyana* – équivalent de « méditation » –, connaît un immense essor à partir du VIe siècle. Parfaitement adapté à la mentalité chinoise et à ses aspects taoïstes, le chan met l'accent sur le caractère intuitif de l'approche de l'adepte qui, pour toucher à l'Illumination, doit, par des exercices de méditation appropriés, arriver à faire le vide dans son esprit par l'absence totale de toute pensée (*wuxing*) – le pendant spirituel en quelque sorte du « non-agir » tel que le prône le taoïsme.

Autour du bouddhisme chinois apparaîtront des divinités spécifiques, qui font de son panthéon l'un des plus riches et complexes qui soit. Parmi les plus importantes figurent le Bouddha du Futur, Maitreya (Mile en chinois), dont la venue doit apporter au monde la Grande Paix (*Taiping*), ainsi que le Bouddha d'âge Infini, Amitabha, qui règne sur le paradis occidental.

Le bouddhisme, malgré un lent déclin amorcé autour de l'an mil, est loin d'être absent dans la Chine d'aujourd'hui et les pagodes, en général réouvertes au culte, sont toujours pleines de fidèles qui font leurs dévotions devant les statues religieuses.

C'est probablement en tant que morale (les actes néfastes conduisent à des renaissances peu gratifiantes qui éloignent un peu plus les intéressés du « paradis »), et comme c'était déjà le cas hier, que le bouddhisme marque le plus de son empreinte la société chinoise, même si les autorités surveillent de près les développements sectaires auxquels certaines pratiques de type millénariste pourraient amener certains fidèles.

Au Tibet, en revanche, le bouddhisme sous sa forme spécifique, le lamaïsme tantrique, n'a jamais cessé, depuis le VIIe siècle, d'être la religion d'État. Les tentatives peu concluantes d'asservissement par les autorités chinoises centrales de ce pays érigé en région autonome s'expliquent par cette permanence historique qui fait du Tibet, encore aujourd'hui, l'une des patries essentielles du bouddhisme religieux.

ÉCRITURE ET CALLIGRAPHIE

En Chine, écriture et langage sont séparés. On peut dire, sans exagérer, qu'il y a une langue chinoise orale et une langue chinoise graphique, l'une et l'autre sans aucun lien. Cette caractéristique explique le difficile apprentissage du chinois qui sollicite autant la mémoire visuelle que la mémoire auditive. Pareille dichotomie reste ainsi le principal obstacle à la connaissance de la civilisation et de la pensée chinoises.

À l'origine, dans la langue écrite chinoise, la graphie était construite pour représenter directement l'objet désigné par celle-ci d'où le nom d'idéogramme. Cette langue graphique apparaît à l'époque Yin (XIVe-XIe siècles av. J.-C.) sur les carapaces de tortues ou les ossements chauffés sur les flammes à des fins divinatoires. Les craquelures ainsi obtenues (*jia gu wen*) étaient considérées comme des signes écrits déchiffrables, susceptibles de prédire l'avenir. C'est à partir de cette langue divinatoire, qui consista à écrire, sur les instruments divinatoires et au regard des *jia gu wen*, les commentaires adéquats, que se constitua la langue chinoise graphique, soit la première écriture du chinois.

Les origines rituelles de l'écriture expliquent l'importance de l'acte d'écrire et la place essentielle de la calligraphie, véritable discipline du corps et de l'esprit, promue au rang d'art majeur par les Chinois.

Les premiers caractères d'écriture chinoise vont commencer à orner les bronzes rituels. Ils peuvent concerner le dédicataire de la pièce, sa date et son lieu de fabrication, ou encore un texte juridique qui devient de ce fait – et sans jeu de mots – gravé dans le bronze. C'est à partir du VIIIe siècle av. J.-C., soit à partir de la dynastie des Zhou, que la langue graphique parvient à son stade de maturité avec un type de graphie particulier (*da zhuan*) dont l'une des caractéristiques est d'être parfaitement lisible et très facile à déchiffrer. L'écriture s'affichera ensuite sur les lamelles de bambou qui constitueront, en Chine, avant l'invention du papier, le support spécifique de la langue graphique.

Avec la progressive centralisation politique qui mènera à l'Empire, les scribes favorisent l'émergence d'un style d'écriture plus commode à manier et, surtout, plus adapté aux contraintes du pinceau qui remplace peu à peu le stylet. Ce style calligraphique nouveau, appelé aussi « style des chancelleries » (*li shu*), marque un tournant décisif par rapport à l'écriture archaïque et rituelle. C'est de ce type de calligraphie que naîtront les trois grands styles d'écriture qui restent encore en usage de nos jours : le style dit « régulier » (*kai shu*), le style semi-cursif (*xing shu*) où affleure déjà une grande préoccupation esthétique, et enfin le style cursif (*cao shu*), lequel se rapproche le plus du dessin libre et dont la maîtrise suppose une très longue pratique, un parfait contrôle de soi et une connaissance intime de la langue.

L'utilisation de l'encre de Chine et de pinceaux de tailles et de matières fort différentes renforcera le caractère emblématique de la calligraphie, cet art de l'écriture qui, en Chine, remonte aux origines de celle-ci.

Le développement de la calligraphie ira de pair avec l'émergence de la classe des « lettrés-fonctionnaires » qui formeront pendant des siècles la principale armature des institutions chinoises. Les grands maîtres calligraphes seront ceux qui, tout en respectant les conventions de l'écriture, réussiront à s'en affranchir suffisamment pour créer un style propre, fait d'élégance et d'équilibre et d'une perfection quasi surnaturelle.

Ceci explique pourquoi en Chine, peinture, poésie et calligraphie sont toujours inextricablement mêlées. Les plus grands poètes furent toujours d'immenses calligraphes, de même que les peintres, la calligraphie s'affirmant comme un art à part entière, mais qui complète utilement une peinture et relate souvent un poème. L'acte de calligraphier, dans le bouddhisme chan, s'apparente à une véritable méditation. Mao Zedong lui-même n'hésitait pas à faire la démonstration à ses visiteurs de ses talents de calligraphe, de même que les élites chinoises, depuis l'Antiquité, n'ont jamais cessé de pratiquer cette discipline avec constance et acharnement.

Écrire est un acte artistique et poétique, indépendant du message véhiculé et qui transcende celui-ci.

Il n'est pas rare, aujourd'hui, dans les villes et les villages chinois, de voir un calligraphe ambulant exercer ses talents à même le trottoir, sous le regard attentif d'un attroupement de badauds qui commentent, à leur façon, la technique du calligraphe en s'extasiant sur tel idéogramme dessiné avec virtuosité et élégance, ou encore sur sa façon de tenir son pinceau, en contrôlant tout le mouvement de son bras.

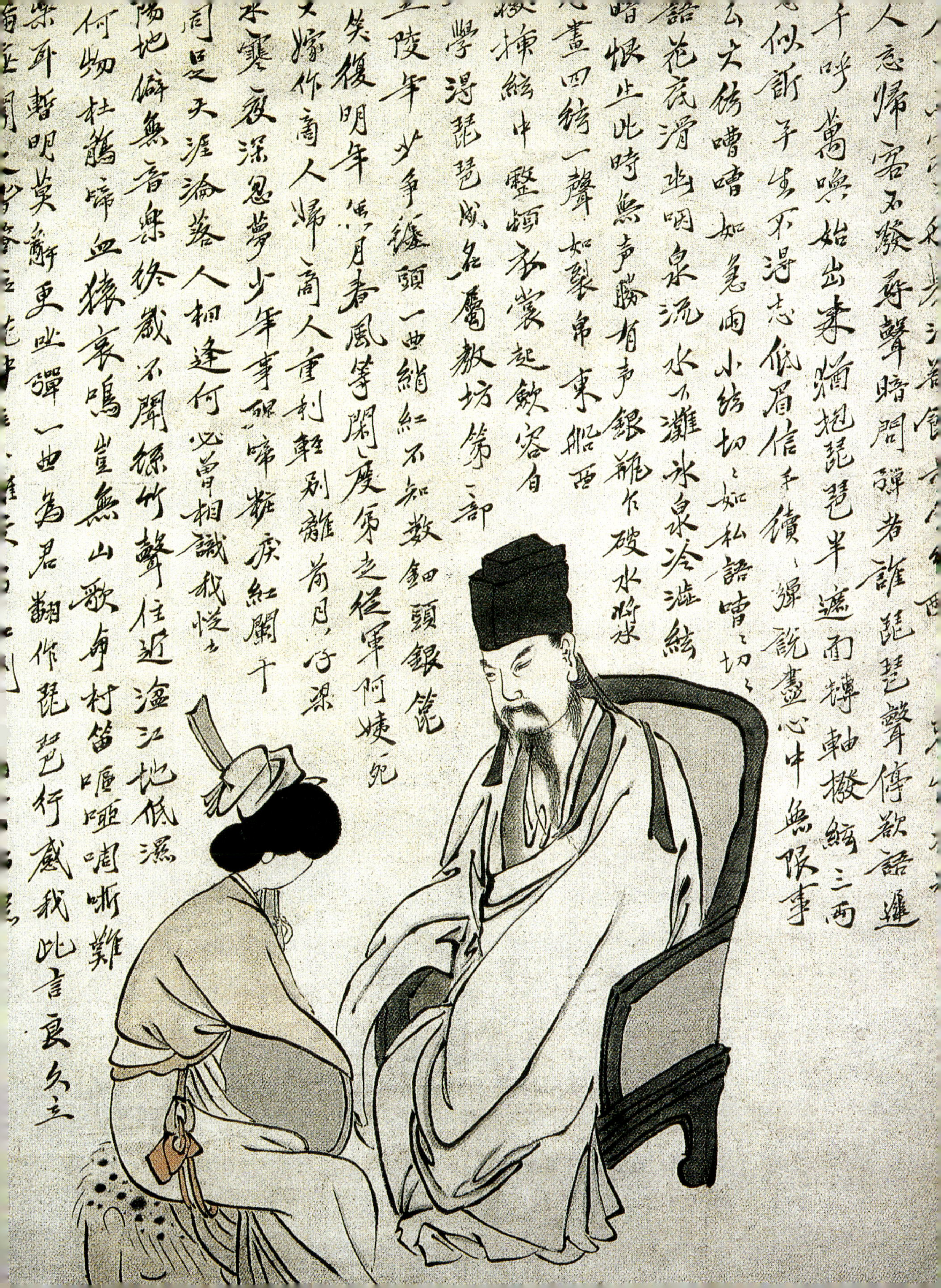
人忘歸客不發尋聲暗問彈者誰琵琶聲停欲語遲
千呼萬喚始出來猶抱琵琶半遮面轉軸撥絃三兩
似訴平生不得志低眉信手續〻彈說盡心中無限事
大絃嘈嘈如急雨小絃切〻如私語嘈〻切〻
語花底滑幽咽泉流水下灘冰泉冷澀絃
暗恨生此時無聲勝有聲銀瓶乍破水漿
心畫四絃一聲如裂帛東船西
撥插絃中整頓衣裳起斂容自
學得琵琶成名屬教坊第一部
五陵年少爭纏頭一曲紅綃不知數鈿頭銀篦
笑復明年秋月春風等閑度弟走從軍阿姨死
大嫁作商人婦商人重利輕別離前月浮梁
水寒夜深忽夢少年事夢啼妝淚紅闌干
同是天涯淪落人相逢何必曾相識我從去
陽地僻無音樂終歲不聞絲竹聲住近湓江地低濕
何物杜鵑啼血猿哀鳴豈無山歌與村笛嘔啞嘲哳難
樂耳暫明莫辭更坐彈一曲為君翻作琵琶行感我此言良久立

RUSSIE (Sibéri
KAZAKHSTAN
MONGOLI
136
137
URUMQI
KIRGHISTAN
TADJIKISTAN
DESERT DE TAKLAMAKAN
DESERT D
AFGHANISTAN
Fleuve Jaune
Fleuve Bleu
10
157 172 173 174
175 p.13 168
134
169
170
198
133
CHENGDU
22 70 77 78 84 88
121 192 193 197
135
PAKISTAN
NEPAL
BOUTAN
INDE
BANGLADESH
INDE
KUNMING
74
BIRMANIE
VI
(page d'ouverture
1 6 8 11 34 35 36
39 41 46 47 49 50
55 60 61 87 91 93
155 184 188
MER D'OMAN
GOLFE DU BENGALE
LAOS

SHENYANG
4 26 27 56 124
MER DU JAPON
CORÉE DU NORD
JAPON
PEKIN
9 17 20 23 63 75 83 90 92 114
117 119 122 123 132 139 152 154
160 162 176 177 179 185 187 189
191 196 200 202 204
138
32
2
31
30
24
28
164
59
109
CORÉE DU SUD
QINGDAO
21 110 186
Fleuve Jaune
82 85 166
QUFU
168
51
45
190
99
98
LUOYANG
XÏAN
76 167
3
104
103
25
161
97
96
SHANGHAI
19 66 67 72 79 80 106
116 118 129 130 199
Monts Wudang
15
111
NINGBO
HANGZHOU
69 112 126 170 153
108
5
SUZHOW
73 107 178 180 7
WUHAN
Fleuve Bleu
120
WENZHOU
94
18
158
195
QING
115
16 57 100
OCÉAN PACIFIQUE
113
105
XIAMEN
102
140
38
101
TAIWAN
GUILIN
194
156
65
95
13
CANTON
64
SHENZHEN
68 71 81 127 128
147
203
HONG-KONG
NTS AÏLAO
12 14 29 40 42 43 44
54 58 62 141 142 143
144 145 146 148 149
151 181 183
PAYS DONG
HAINAN
LÉGENDE
Trajets parcourus par Yann Layma en 23 ans de Chine
Limite des provinces
Fleuve
ÉCHELLE
0
250
500 km

Légendes

1-District de Yuanyang (Yunnan), 1993.
Entre deux affichettes représentant les guerriers protecteurs, c'est par un sourire que cette jeune femme Yi accueille le visiteur, en ouvrant les battants de la porte de sa maison. Les montants extérieurs, comme dans la plupart des maisons chinoises, sont ornés d'un poème en deux strophes. Ici on peut lire :
Les parfums des fleurs qui émanent d'ici
S'allient et se répondent.
Cette année, les chants des oiseaux répandent ici
la tranquillité.

2-La Grande Muraille aux environs de Pékin, à Jinshanling (Hebei), 2000.
Zhongguo – la Chine – signifie le « pays du centre ». La Grande Muraille le ferme au nord pour se protéger des intrusions étrangères. Ce « grand mur » qui a été unifié par le Premier Empereur Jaune (259-210 av. J.-C.) à partir d'éléments construits par les dynasties précédentes, s'étend sur 6 200 kilomètres d'est en ouest. Traversant les plaines et les déserts, chevauchant les crêtes des montagnes, il est constitué, en fait, par un réseau discontinu de plus de 50 000 kilomètres de fortifications sans cesse amélioré ou reconstruit par tous les empereurs successifs.

3-Les montagnes sacrées taoïstes de Hua Shan (Shaanxi), 2000.
Situées à une centaine de kilomètres de Xi'An, la capitale impériale pendant des siècles, ces montagnes sont vénérées pour la beauté de la mystérieuse alliance qui s'y noue entre les pics, les arbres et les nuages. Depuis la dynastie des Tang (618-907), elles ont été célébrées par les plus grands peintres chinois qui trouvèrent là une source inépuisable d'inspiration. L'ascension terminale se fait par un escalier vertical taillé dans la falaise qu'on ne peut monter qu'en s'accrochant à des chaînes.

4-Gare de triage de Sujiatun (Liaoning), 1988.
Par moins 40 °C, dans ce principal nœud ferroviaire de la Mandchourie, les moteurs des locomotives qui transportent dans tout le pays du bois de construction et des céréales, ne doivent cesser de chauffer. Pour prendre cette photo il a été nécessaire, au grand dam des cheminots présents qui hurlaient de peur, de grimper à l'échelle d'une cheminée d'usine de 40 mètres avec des gants d'acier tressé. À cause du froid intense, il était impossible de plaquer l'œil contre le viseur de l'appareil car il serait resté collé.

5-Le lac de l'Est à Shaoxing (Zhejiang), 1996.
Situé à 6 kilomètres de cette petite « Venise chinoise » dont les canaux s'étendent au-delà des murs, et qui est devenue, depuis une dizaine d'années, une véritable « silicon valley », le lac de l'Est, dont on dit que le Premier Empereur aimait venir se recueillir devant la beauté et l'harmonie, représente la quintessence de l'esthétique chinoise des jardins. Il est très rare qu'il neige sur le lac de l'Est.

6-Les rizières de Yuanyang (Yunnan), 1993.
Aucun Occidental n'était jamais allé dans les monts Ailao, à la rencontre des plus grands paysages de rizières du monde. À chaque printemps, les villages des tribus Hani et Yi s'associent pour aller tailler de nouvelles rizières dans les pentes de la montagne pour les offrir aux jeunes mariés. Un conseil des sages associant tous les villages est chargé de répartir l'eau entre les terrasses.

7-Shanghai, jardin traditionnel de Maître Yu, 2000.
Dressées contre l'un des murs de ce célèbre jardin clos, les deux « pierres à rêver », l'une, en forme de pic montagneux, et l'autre, sculptée par le vent et l'eau, symbolisent le chaos et l'harmonie. L'esthétique des jardins, en Chine, fait toujours appel aux Quatre Éléments : l'eau, la pierre, la plante et l'architecture. Une organisation spatiale subtile, quand on observe un jardin sous des angles différents, fait de celui-ci un véritable paysage, au gré des changements de points de vue.

8-Jeune garçon près de Yuanyang (Yunnan), 1993.
Ce jeune garçon qui regarde les nouveautés du marché hebdomadaire de son village ne porte plus le costume traditionnel de la minorité Yi mais a adopté, comme tous les jeunes de son âge, la tenue occidentale.

9-Slogan gouvernemental, avenue de la Paix Céleste à Pékin, 1985.
Le caractère *Jian* qu'un homme achève de peindre, signifie édifier et construire. Tiré d'un slogan maoïste, il fut l'un des mots clés de la politique réformiste menée par Deng Xiaoping au moment où la lutte faisait rage entre conservateurs et réformistes.

10-Le lac Multicolore du parc naturel de Jiuzhaigou (Sichuan), 1992.
Dans le parc de la « vallée des Neufs Villages », classée par l'Unesco au patrimoine de l'humanité, l'eau des soixante-douze lacs disposés en étage – dont celui-ci est le plus vaste –, qui se déversent soit en amples cascades, soit en débordements successifs, est l'une des plus pures du monde. Filtrée par les mousses et les essences rares des sous-bois qu'elle traverse pendant des kilomètres, elle permet de voir le fond de ces lacs dont la profondeur dépasse 30 mètres. Ce parc est aujourd'hui la plus grande réserve de pandas géants de Chine.

11-Pleureuses à un enterrement Yi dans les monts Ailao (Yunnan), 1993.
L'usage des pleureuses professionnelles remonte en Chine à la plus haute Antiquité. Ces femmes, qui ont revêtu leur costume de cérémonie en soie brodée et viennent obligatoirement d'un village voisin, se cachent sous un parapluie pour mieux feindre de pleurer tout en gardant un œil vigilant sur la cérémonie des funérailles.

12-Paysans Dong devant un « pont de la Pluie et du Vent » à Baxie (Guangxi), 1990.
Chez les Dong, le seul peuple qui s'exprime en chansons, les « ponts de la Pluie et du Vent », tout comme le reste de l'architecture, sont considérés comme des divinités. Ces ouvrages d'art, toujours couverts de pagodes en bois non chevillé, reposant sur des piliers dont les pierres sont empilées sans mortier, traversent les rivières, à l'écart du village, là où l'esprit du pont « se sent le mieux ». Au premier plan, les habitants profitent des premiers rayons de soleil printanier pour faire sécher le riz.

13-La rivière Li à Guilin (Guangxi), 1995.
Sur des radeaux de bambou, les paysans pêcheurs aux cormorans accomplissent les mêmes gestes immuables depuis des siècles pour nourrir leur famille, dans un cadre naturel qui fut la source d'inspiration d'innombrables grands peintres et poètes chinois.

14-Village de Shaoxin (Guizhou), 1990.
Deux membres du conseil des anciens de ce village Dong, affublés de fausses lunettes rondes, utilisées en raison de leur drôlerie, célèbrent « la fête du rire », qui a lieu au début du printemps, quelques semaines après celle du Nouvel An. Pour l'occasion, chacun se déguise, avant de partir en procession, de village en village, en chantant. Les « chants du rire » sont l'un des quarante-quatre types d'expressions chantées utilisées par les Dong pour communiquer entre eux.

15-Jeune couple contemplant le lac de l'Ouest à Hangzhou (Zhejiang), 1986.
Contemplant l'espace évanescent de ce célèbre lac, symbole de Hangzhou, creusé à partir d'une lagune au VIIIe siècle par son gouverneur et relié à Pékin *via* le canal impérial, ces deux amoureux faisaient preuve d'une certaine audace pour oser s'afficher ainsi ensemble dans les années 1980.

16-Marché de Chongwu (Fujian), 1996.
Il n'est pas facile, après des années marquées par toute interdiction du commerce privé, de reprendre une activité mercantile. Cette marchande de viande compte ses billets de dix yuans dans sa caisse de fortune.

17-Portrait du Grand Timonier Mao Zedong regardant la place Tian Anmen, Pékin, 2001.
L'icône peinte, sous laquelle passent chaque jour les milliers de visiteurs de la Cité interdite et devant laquelle défilent l'armée et le parti communiste chinois, est entretenue en permanence.

18-Village de pêcheurs de la province du Zhejiang, 1996.
La pêche au chalut demeure l'unique ressource de cette côte jadis prospère, aux VIIe et VIIIe siècles, au moment où décollait le commerce maritime entre la Chine et l'Inde. Aujourd'hui, ces derniers chalutiers de bois entretiennent un commerce clandestin avec l'île de Taïwan.

19-Maison de thé des marins, port de Shanghai, 1985.
Les vieux marins de Shanghai, qui se réchauffent les mains contre leurs théières brûlantes, portent le costume dit « Mao », comme tous les Chinois à cette époque-là. Les Chinois adorent jouer, quels que soient le lieu et l'heure. Le panthéon traditionnel chinois comprenait des divinités qui aidaient les joueurs à gagner, au premier rang desquels on peut citer Caishen, le dieu des Richesses, qu'on accueille chaque année la nuit du Nouvel An, en s'abstenant de balayer sa demeure pendant deux jours pour ne pas chasser son influence bénéfique.

20-Avenue de la Paix Céleste, le long du mur de la Cité interdite, Pékin, 1986.
Au petit matin, un vieux Pékinois s'adonne, seul, au plus populaire des arts martiaux chinois, le taijiquan, qui signifie « ultime point suprême » et consiste à entretenir la souplesse, la circulation sanguine, la force des jambes et l'équilibre. C'est grâce au qi, le souffle interne servant aussi bien à combattre qu'à guérir, que l'homme accroît sa longévité.

21-Parking à vélos à Qingdao (Shandong), 1987.
Le vélo reste en Chine, malgré l'apparition des voitures de luxe, réservées à une clientèle riche, le moyen principal de locomotion des Chinois. Dans les années 1980, tous les vélos étaient réalisés selon le même modèle ce qui rendait aléatoire leur identification quand on les laissait sur les immenses parkings spécialisés à cet effet. Cet homme accablé, scrutant l'inextricable fouillis vélocipédique, aura mis plus d'une heure à retrouver le sien.

22-Hommes à tout faire proposant leur force de travail au coin de la rue, Chongqing (Sichuan), 1998.
La municipalité de Chongqing, qui s'étend sur une surface comparable à celle de l'Autriche, dépasse les trente-deux millions d'habitants depuis qu'elle a été détachée de la province du Sichuan. Les ouvriers venus de la campagne proposent leurs services aux particuliers et aux entreprises. Le travail clandestin reste souvent l'unique façon pour des populations pauvres d'améliorer leurs conditions d'existence et pour les chantiers, dont la Chine est désormais couverte, d'avancer jour et nuit.

23-Pagode et tour de la télévision à Pékin, 2000.
La pagode dite « aux Oiseaux » qui se dresse devant la tour de la télévision de Pékin (450 mètres de haut) est une des nombreuses constructions de ce type visibles dans la capitale. Pour obtenir cet effet d'opposition entre deux constructions que plus de cinq siècles séparent, cinq ans de recherches obstinées furent nécessaires, pour finalement utiliser un téléobjectif perché sur le toit d'une école.

24-Usine de locomotives à vapeur de Datong (Shanxi), 1988.
Sous l'omniprésente pancarte « Sécurité en premier ! » dont la Chine conserve partout les traces, quelques-uns des vingt mille ouvriers de cette immense entreprise d'État qui a fermé ses portes en 1992 et produisait, à l'époque, une locomotive « Libération » par jour, s'affairent à souder le ventre du monstre. Le réseau ferré chinois a été, depuis quelques années, partiellement électrifié et, pour le reste, les locomotives diesel ont peu à peu remplacé les glorieuses « Libération ».

25-Parvis de la gare de Xuzhou (Jiangsu), 1985.
Une foule anonyme, sidérée par la présence du photographe étranger venu assister à l'ouverture d'une tombe renfermant des soldats de terre cuite de l'époque Han et attendant son train, découvre un nouveau type de visage. Depuis les années 1990, cette stupéfaction s'est transformée en bienveillance. Les Chinois abordent volontiers les étrangers d'un grand sourire et d'un « *Hé ! Laowai !* » qui signifie « Hé ! L'ami étranger ».

26-Gare de triage de Sujiatun (Liaoning), 1988.
Des vapeurs qui s'échappent des monstres d'acier dans l'atmosphère glaciale de la Mandchourie à la peinture Chan à l'encre monochrome des ombres et des nuées, deux univers pourtant sans lien, il n'y a qu'un pas.

27-Même lieu.

Cette toute jeune fille maquillée et élégante enlève la glace d'une tranchée qui servira à des mécaniciens à passer sous les trains pour dégeler les essieux.

28-Conducteur de locomotive à vapeur à Datong (Shanxi), 1988.

Ce conducteur, d'un contact très chaleureux, père de deux enfants, s'estimait heureux de gagner à l'époque, en raison de la pénibilité de son travail, un peu moins de cent yuans (15 euros) par mois.

29-Gare de bus en pays Dong (confins du Guangxi et du Guizhou), 1990.

En 1990, entre le pays Dong et la Chine, l'unique bus n'effectuait que trois liaisons hebdomadaires et les gares routières étaient, pour ses habitants, la porte ouverte vers un autre monde. Les voyageurs, assis dans un restaurant de fortune, fument en attendant l'arrivée du bus pour le jour même ou pour le lendemain.

30-Conducteur et mécanicien de locomotive à Datong (Shanxi), 1988.

Le conducteur venait de monter dans la locomotive. Il jette un dernier regard à l'extérieur, en direction de sa maison, avant de libérer les milliers de chevaux-vapeur de sa machine d'acier.

31-Deuxième classe du train Datong-Pékin, 1988.

À l'époque du Nouvel An, les trains, en Chine, sont encore plus bondés que d'habitude. Les voyageurs, qui discutent, jouent aux cartes, boivent de la bière et mangent des graines de tournesol, ont été fouillés avant de monter dans le train pour s'assurer qu'ils ne portaient aucune fusée d'artifice ni pétard. Les chemins de fer chinois transportent plus d'un milliard de voyageurs par an.

32-Dans le même train, compartiment des « couchettes dures ».

Rêverie d'une jeune femme élégante dans l'ambiance spartiate des « couchettes dures » destinées au peuple, les « couchettes molles » étant réservées, à l'époque, aux gens aisés et aux cadres du parti.

33-Dans le même train, l'enfant unique.

Un paysan du Shanxi tient dans ses bras son unique petit garçon. Il dissimule mal son inquiétude car c'est la première fois qu'il prend le train et qu'il se rend à Pékin.

34-Paysannes de la minorité Yi à Yuanyang (Yunnan), 1993.

Revêtues de leurs costumes traditionnels brodés à la main, les paysannes Yi participent activement au grand rassemblement annuel des villages, au cours duquel on sculpte la montagne pour la transformer en terrasses et en rizières. En Chine, et depuis la plus haute Antiquité, les femmes sont omniprésentes sur les chantiers.

35-Même lieu.

La ritualisation du travail consistant à sculpter les rizières pour les offrir aux jeunes mariés de l'année apparaît à la fois dans le strict ordonnancement avec lequel les villageois, alignés comme sur un champ de bataille, sarclent le sol, et dans la différence des costumes, bleus pour les Hani et multicolores pour les Yi, deux ethnies associées pour la circonstance qui coexistent dans cette région.

36-Même lieu.

L'œuvre des sculpteurs de montagne s'étage sur plus de 2 500 mètres de dénivelé jusqu'au-dessus des nuages.

37-Même lieu.

Les petites taches vertes correspondent à des parcelles dans lesquelles les Hani et les Yi font germer les grains de riz avant de les repiquer.

38-Vieil homme Hakka au Fujian, 1996.

Le peuple Hakka, dont l'activité est essentiellement consacrée à l'agriculture, vit au Fujian mais également au Guandong. Ce vieil homme porte le chapeau traditionnel en bambou tressé et arbore fièrement une moustache et une barbe soigneusement taillées en pointe qui lui donnent l'allure d'un vieux lettré. Il ne fallut pas moins de quatre heures d'âpres négociations, avec la participation active de l'ensemble du village, pour obtenir de lui une autorisation écrite d'utiliser sa photo.

39-Rizières en terrasses à Yuanyang (Yunnan), 1993.

Depuis des millénaires, les monts Ailao, qui émergent des nuages, sont sculptés par les minorités Hani et Yi pour y planter du riz. La montagne et l'eau, savamment accordées par la main de l'homme, dessinent l'ineffable quintessence de la nature, de la peinture chinoise.

40-Rizières en terrasses au pays Dong (Guizhou), 1990.

41-Village Hani de Luopu (Yunnan), 1993.

Deux femmes Hani, coiffées du chapeau caractéristique de la Chine méridionale, apportent à la source, au-dessus du village, leurs légumes pour les nettoyer. Ce lourd chargement est acheminé ainsi deux fois pas jour, dans les deux sens.

42-Un bus au pays Dong (Guizhou), 1989.

Sur l'une des rares pistes traversant le pays Dong, dont on aperçoit les villages aux maisons en bois perchés sur les collines, le bus salué au passage par les paysans en train de récolter le riz, reste le seul moyen d'aller à Guilin, la ville importante, située à une journée de route de là.

43-Récolte du riz en pays Dong (Guizhou), 1989.
L'escarpement des plantations oblige les Dong à effectuer tous les travaux de la récolte du riz, depuis son battage jusqu'à la réalisation des mottes de paille et à son transport à la palanche, sans aucune mécanisation. Ces paysans, dans les années 1980, ne connaissaient encore aucune monnaie et utilisaient leurs colliers d'argent pour faire du troc.

44-Jeune fille Dong (Guizhou), 1989.
Cette jeune Dong coiffée du chapeau blanc utilisé en hiver par les femmes de cette ethnie, porte sur l'épaule l'épuisette pour pêcher les crabes, les crevettes et les poissons élevés dans les rizières. Sa veste traditionnelle de coton tressé a été laquée et martelée au bambou.

45-Travaux des champs près de Yan'an (Shaanxi), 1999.
Sans irrigation, le lœss, à la couleur jaune caractéristique, est une terre sablonneuse très aride balayée périodiquement par les vents venus du désert de Gobi. Les plantes n'y poussent que si elles sont immédiatement arrosées et la terre environnante protégée par des bandes plastifiées qui gardent l'humidité. Ces conditions climatiques font de cette région l'une de celles où le niveau de vie est le plus bas.

46-Moulin à riz à Yuanyang (Yunnan), 1993.
Les deux femmes Hani versent le riz dans une rigole circulaire où passe la meule de pierre actionnée, grâce à des engrenages de bois, par une roue à aube située à l'extérieur du moulin. Après plusieurs tours de meule, le riz est transformé en farine. Les Hani sont appelés aussi le « peuple du riz ». Le riz en grains est gardé au grenier, tandis que sa farine est précieusement conservée dans une jarre qui restera toute l'année dans la pièce principale de la maison.

47-Paysan Hani près de Yuanyang (Yunnan), 1993.
La charrue transportée par ce paysan, lequel, comme tous ses congénères de la même ethnie, est apparié à son buffle pour la vie, lui sert à labourer cinq fois par an les quelque cent rizières appartenant à sa famille. L'homme, qui remonte au village, manifeste sa surprise de croiser, sans doute pour la première fois, ce qu'on appelle en Chine un « long nez » pour désigner les Occidentaux.

48-Paysans battant la paille de riz près de Kaiyuan (Yunnan), 1993.
À la regarder, la ruralité chinoise offre toujours cette impression de paix et de sérénité qui, depuis des millénaires, est le propre des civilisations agraires.

49-Le sorcier Hani « Grand Dragon » près de Yuanyang (Yunnan), 1993.
« Malgré nos naissances aux antipodes du monde, je découvre qu'au fond, nous sommes pareils et que nous avons tout à apprendre l'un de l'autre » disait Grand Dragon qui, dans son village, servait d'intermédiaire entre les dieux et les hommes, après avoir cherché à savoir si, dans le regard de son interlocuteur, il y avait un « bon cœur ». Grand Dragon, assis sur son buffle du nom d'Immense Savoir, contemple l'œuvre de ses ancêtres, les sculpteurs de montagne. Chaque homme Hani est capable de citer le nom de ses ancêtres remontant jusqu'à cinquante-six générations.

50-Près de Yuanyang (Yunnan), 1993.
La mise en botte des plants de riz germé avant repiquage occupe l'essentiel des journées de ces paysans Yi au printemps, ce qui n'empêche pas un homme âgé de fumer son tabac habituel avec la traditionnelle pipe à eau de bambou. Ce travail qui s'étale sur un dénivelé de 2 500 mètres se répartit entre les hommes, pour le labour, et les femmes, pour le repiquage.

51-Cour de ferme près de Yan'an (Shanxi), 1998.
Cette famille de maraîchers affichait un sourire accueillant envers l'étranger, avant de lui offrir, dans la maison troglodyte creusée dans le lœss où elle habitait, le thé rouge et les raviolis brûlants. La mère déclarait que la famille ne gagnait que cinq cents yuans par an, soit, à cette époque-là, le prix d'un vélo ordinaire à Pékin.

52-La fixation des dunes de sable du désert de Gobi près de Yinchuan (Ningxia), 2002.
Pour lutter contre l'avancée du sable dans le désert de Gobi, les femmes y enfoncent de la paille. Celle-ci prend la forme d'un gigantesque damier qui permettra de garder l'humidité pour y faire pousser des plantes épineuses. C'est en construisant cette nouvelle « barrière verte » sur plus de 2 000 kilomètres, à quelques pas de l'ancienne Grande Muraille, que les Chinois tentent par tous les moyens d'arrêter la désertification.

53-Dong fumant sa pipe de tabac à Baxie (Guangxi), 1989.
Cet homme fait partie du conseil des anciens du village qui se réunit chaque jour dans la tour du Tambour, le totem de son clan, qui a la forme d'une pagode.

54-Écoliers du pays Dong à Shaolidong (Guizhou), 1989.
Les écoles primaires étaient encore, à cette époque-là, très rares en pays Dong. Certains des enfants faisaient plus de 20 kilomètres à pied pour se rendre à l'école. Les filles et les garçons, qui portent le costume traditionnel de coton laqué, s'initient à la langue chinoise han dont l'apprentissage commençait à se développer pour désenclaver cette ethnie, restée pendant des siècles à l'écart du monde.

55-École primaire dans le district de Yuanyang (Yunnan), 1993.
Ces jeunes filles de la minorité Yi du village de Luopu, coiffées du traditionnel turban, apprennent à écrire les caractères chinois. Comme entre tous les écoliers du monde, secrets et sourires s'échangent subrepticement, avec la peur de se faire réprimander par le professeur.

56-La récréation à l'école primaire de Shenyang (Liaoning), 1986.
Le jeu de ping-pong, véritable sport national, qui se joue ici sur une table en béton dont le filet est souvent constitué d'un muret de briquettes, est l'activité favorite de ces écoliers qui portent au cou le foulard rouge du mouvement des « pionniers » de la jeunesse communiste.

57-Écoliers au bord de la mer à Chongwu (Fujian), 1996.
La marche hebdomadaire qui réunit, au bord de la mer de Chine, toutes les écoles de la région, est obligatoire. Cette activité physique est entrecoupée de discours d'éducation civique. Comme elle se déroule toute la journée, les enfants apportent leur pique-nique. Chaque classe est précédée par un porteur de drapeau rouge décoré d'une étoile jaune au centre.

58-Cérémonies faisant suite au Nouvel An, près de Baxie (Guangxi), 1989.
Chez les Dong, certains enfants commencent à fumer dès l'âge de 2 ans. Ils tiennent à la main des torsades de pétards qui peuvent atteindre 3 mètres de haut et qu'ils s'apprêtent à faire exploser. Chaque grande fête rituelle peut ainsi être ponctuée de millions d'explosions. Les fêtes du Nouvel An se déroulent sur près de quinze jours, au cours desquelles les concours de chant et d'orgue à bouche en bambou alternent avec les danses rituelles du Dragon et le sacre du « canon fleuri ». Cet énorme pétard de près de 10 kilos propulse dans le ciel un anneau de fer qu'il s'agit de rattraper avant qu'il ne retombe. Le vainqueur qui le présente au juge se voit sacrer « roi des Dong » pendant un an.

59-Environs de Pékin, 1986.
À cette époque, il était encore officiellement interdit de célébrer les vieilles traditions du Nouvel An chinois. Bravant les autorités, les habitants de ce village des environs de la capitale, costumés en acteurs de l'Opéra chinois et juchés sur d'immenses échasses, s'apprêtent à accompagner le palanquin de la déesse de la Lune. Après l'institution de la République populaire chinoise, en 1949, il fallut attendre le milieu des années 1980 pour assister à la réhabilitation de la culture et des croyances traditionnelles.

60-Rituel Hani pour la fête du Printemps près de Yuanyang (Guangxi), 1993.
Les participants dansent avec des éventails autour d'un autel de fortune sur lequel on a posé des têtes de cochonnets et de l'alcool de riz. Ces offrandes aux esprits de la montagne représentent l'abondance sollicitée auprès de ces derniers avant le début du repiquage du riz.

61-Femme Hani allaitant son bébé, district de Yuanyang (Yunnan), 1992.
Cette femme allaitant son bébé porte le costume et la coiffe traditionnels Hani. Quand cette photo a été prise, le mari de cette jeune femme est apparu, manifestant une colère folle. Il a fini par enfermer sa femme. C'est une attitude très rare en Chine.

62-Bébé Dong au village de la montagne Jaune (Guizhou), 1990.
La rangée des dieux protecteurs miniatures qui borde le bonnet de soie de ce petit garçon Dong est censée éloigner de lui les maladies. Dès leur plus jeune âge, les bébés Dong sont éduqués à la culture chantée par les comptines de leurs parents.

63-Parc de la Mer du Nord à Pékin, 1994.
La politique de l'enfant unique, mise en œuvre à la fin des années 1970, a profondément transformé la société chinoise. La Chine est devenue le pays de l'enfant-roi et, parfois, rien n'est négligé pour satisfaire le moindre de ses caprices. Il n'est pas rare de constater le décalage existant entre le luxe de certaines infrastructures destinées aux enfants et le petit nombre de ces derniers les utilisant.

64-Palais d'un roi du béton entre Shenzhen et Canton, 1995.
Cet homme, qui a fait fortune en cinq ans dans les travaux publics, s'est fait construire, pour son usage personnel, un gigantesque complexe d'habitation et de loisirs au milieu duquel s'élèvent les trois statues de 35 mètres de haut représentant les dieux de la Chance. Ces statues monumentales sont carrelées et décorées du caractère *Fu* (la Bonne Fortune). Il sort par l'arrière de ce monument au sommet duquel il aime contempler chaque jour, par la bouche ouverte du dieu Lu, l'œuvre de sa vie.

65-Chantier d'autoroute à Shantou (Guangdong), 1996.
Les chantiers publics chinois sont perpétuellement décorés de drapeaux comme s'ils étaient le signe incontestable de ce futur radieux que le développement économique apportera au peuple. Le boom économique de la côte sud-est de la Chine a entraîné depuis dix ans la venue de près de 150 millions de travailleurs.

66-Autoroute aérienne en construction à Shanghai, 1995.
Derrière les tiges d'acier du béton armé apparaît l'immeuble ultramoderne de la télévision publique de Shanghai. Le réseau d'autoroutes aériennes de Shanghai, dont la population avoisine les 18 millions d'habitants et où se construisent en permanence plus de 20 000 nouveaux immeubles, dépasse aujourd'hui plusieurs centaines de kilomètres.

67-Vue de Pudong, port de Shanghai, 1995.
Construit sur des terrains marécageux situés de l'autre côté du fleuve Huangpu, que remontent les bateaux croisant sur le Yangtsé, le nouveau quartier financier de Pudong commençait déjà à présenter l'aspect de Manhattan, Tokyo ou Singapour. La tour des télécoms, dont on voit ici l'une des trois boules, est appelée « la perle de l'Orient ». Tout comme l'immeuble Jingmao, situé à droite de la photo, dont la construction est déjà avancée, elle dépasse 400 mètres.

68-Laveurs de vitres des gratte-ciel de Shenzhen, 1995.
Il y a vingt ans, le petit port de pêche de Shenzhen, situé en face de Hongkong, ne comptait guère plus de vingt mille habitants. Aujourd'hui, parce qu'elle fut la première « zone économique spéciale » décrétée par Deng Xiaoping en 1981, cette mégalopole a profité de l'extraordinaire changement que lui a permis son nouveau statut. Elle dépasse les 5 millions d'âmes.

De gauche à droite et de haut en bas.
69-Hôtesse d'accueil à Ningbo (Zhejiang), 1996.
Cette jeune femme en uniforme, barré de l'écharpe rouge des hôtesses d'accueil, a quitté la campagne pour rejoindre la ville, où elle travaille dans un grand magasin de luxe. Elle paraît figée dans un hiératisme témoignant de la révérence qu'elle accorde aux clients et semble quelque peu intimidée par cet environnement nouveau qui est désormais le sien. Les consommateurs chinois, jusque-là habitués aux magasins d'État, venaient de découvrir les grandes marques mondiales et les joies du shopping.

70-Vendeur de posters dans la rue à Chongqing, 1998.
Marilyn Monroe, Rita Hayworth et d'autres stars hollywoodiennes cohabitent avec les calendriers officiels à l'effigie de Deng Xiaoping.

71-Défilé de mode dans la rue à Shenzhen, 1995.
À l'occasion de l'inauguration d'un grand magasin, un défilé de mannequins a été organisé. Les présentations de mode et les concours de beauté sont devenus un véritable phénomène culturel et sont omniprésents dans les grands restaurants, les théâtres et les magasins.

72-Boutique de lunettes dans la rue de Nankin, Shangai, 2000.
Le luxe, la mode et l'image de Paris attirent les Chinois tant et si bien que Shangai a longtemps été appelé le Paris de l'Orient. Ce type de magasins est aujourd'hui très répandu en Chine.

73-Trois générations de femmes dans la rue à Suzhou (Jiangsu), 1991.
Ces trois femmes d'une même famille recréent dans la rue l'atmosphère intime d'un salon. Leur attitude montre les manières d'une noblesse révolue depuis l'avènement de la République populaire de Chine. En été, saison à laquelle cette photo a été prise, il est d'usage pour les Chinois de s'installer et de vivre dans la rue : on y joue, on y boit le thé, on y mange et on y dort.

74-En vélo pour se rendre à l'école maternelle près de Kunming (Yunnan), 1992.
Cet homme amène, à sept heures du matin, quatre enfants à l'école. Trois d'entre eux, comme souvent en Chine, portent un costume militaire. Les enfants chinois adorent se déguiser en petits soldats.

75-Promeneurs d'oiseaux avenue de la Paix Céleste à Pékin, 1986.
L'habitude d'amener son oiseau chanter dans les parcs, prohibée pendant la Révolution culturelle, provoque, dès le lever du soleil, dans tous les parcs et jardins de Chine, la réunion des passionnés d'oiseaux. Ce sont souvent des personnes âgées qui goûtent ainsi à la nature. Ici, l'enfant au moineau apprend de son aîné au mainate les gestes millénaires de cette pratique culturelle.

76-Gargotes ambulantes à Luoyang (Henan), 1998.
Ce petit marché de viande de mouton est tenu par des commerçants issus de la minorité musulmane Hui reconnaissable à l'inscription arabe et à la théière de forme particulière. Jusqu'en 1983, il était interdit en Chine de tenir un commerce. Aujourd'hui, le pays entier est couvert de ces petits marchés.

De gauche à droite et de haut en bas.
77-Promotion d'un photographe à Chongqing, 1998.
Dans le centre ville, près des grands magasins, un mannequin vêtu et coiffé de rouge montre aux badauds stupéfaits une photographie attestant de la qualité du travail du studio dont elle assure la promotion en distribuant des cartes de visite.

78-Départ des bateaux de croisière à Chongqing, 1998.
Une jeune fille de 18 ans, qui s'apprête à quitter le Sichuan pour rejoindre Shanghai en bateau sur le Yangtsé, se fait belle avant de monter à bord. Là-bas, à 2 000 kilomètres en aval, elle occupera un poste de coiffeuse dans le salon de sa cousine.

79-Scène de rue à Shanghai, 1995.
Dans une ruelle du vieux Shanghai, devant un mur de posters de stars chinoises exposés à la vente. Le regard du passant atteste de l'étonnement éprouvé à la vue d'un Occidental.

80-Couple d'amoureux à Shanghai, 2001.
Dans la grande rue commerçante de Nankin, la jeunesse chinoise est aujourd'hui semblable à toutes les jeunesses du monde et, comme elles, s'interroge également sur les changements ultrarapides de la société.

81-Installation d'un magasin à Shenzhen, 1995.
Sur des échafaudages de bambou, le propriétaire d'un nouveau magasin, venu de la province de Anhui, finit d'installer lui-même, avec les moyens du bord, le néon qui éclairera l'idéogramme *Zhong* sur la façade typique de sa boutique et qui signifie : le centre, le milieu, la base, la référence, c'est-à-dire la Chine. Tout va très vite dans l'évolution de la société comme dans la construction, même des petits magasins, un symbole de l'effervescence qui règne en Chine aujourd'hui.

82-Hisser de drapeau à l'occasion de la cérémonie de réhabilitation de Confucius à Qufu (Shandong), 1994.
Derrière cette parade militaire, à laquelle assistent soixante mille personnes massées dans un stade, se cache une cérémonie en l'honneur de l'anniversaire de la naissance de Confucius dont la réhabilitation intervint cette année-là, après quatre-vingts ans d'interdiction. Pendant des siècles, le 28 septembre, date anniversaire de la naissance de Confucius, fut considéré comme la fête nationale.

83-Pékin. Défilé militaire Place Tian Anmen, 1er octobre 1999.
Ce jour-là, pour la première fois depuis quinze ans, les armées chinoises défilaient devant le bureau politique du parti communiste, situé au-dessus de la porte de la Paix Céleste devant la Cité interdite, à l'occasion des cinquante ans de la République populaire chinoise.

84-Concours de stylisme à Chongqing, 1998.
Les jeunes filles présentent des modèles avant-gardistes devant le comité du bureau de la culture de la municipalité. Il s'agit d'une des nombreuses manifestations de ce type dont les finalistes, par la suite, participeront à la grande finale de Shanghai.

85-Experts en confucianisme assistant à la cérémonie de réhabilitation de Confucius à Qufu (Shandong), 1994.
Venus de toute la Chine et du monde entier, les spécialistes du confucianisme s'apprêtent à assister pendant trois jours, sous un soleil écrasant, aux manifestations commémoratives de l'anniversaire du grand sage chinois dans son village natal.

86-Trois enfants des campagnes à l'ouest du Guizhou, 1986.
À cette époque, ces jeunes enfants, dans le regard desquels une certaine gravité est perceptible, n'étaient pas scolarisés mais travaillaient déjà toute la journée aux champs dans des conditions difficiles.

87-Dans une gargote au bord de la route en pays Yi, Yunyang (Yunnan), 1993.
Surprise par le passage d'un véhicule, cette famille Yi prend son déjeuner dans une gargote du marché hebdomadaire. Chaque femme Yi porte, attachés à la ceinture et retombant sur ses fesses, deux carrés de coton brodés de motifs dont l'un symbolise le soleil et l'autre, la lune.

88-Maison de jeu à Dazu (Chongqing), 1998.
Dans une des maisons de thé de Dazu les joueurs de cartes, dont l'un porte la coiffe blanche du deuil, se rassemblent quelle que soit l'heure : la société chinoise a toujours été animée par la passion du jeu et des paris. Mal vus des autorités chinoises jusque dans les années 1980, les lieux de ce type n'ont cessé depuis de proliférer.

89-Deux vieilles femmes près de Chengdu (Sichuan), 1987.
La coutume consistant à bander les pieds des femmes de la haute société, qui était censée représenter le comble du raffinement, a été abolie vers le début des années 1930. Pour arriver au stade final de déformation souhaité, il fallait s'envelopper les pieds chaque jour de bandelettes de tissu rouges ou blanches qu'on serrait de plus en plus jusqu'à son mariage et que l'on conservait par la suite tout au long de sa vie. Aujourd'hui que cette tradition a entièrement disparu, seules quelques femmes de plus de 90 ans, qu'il est extrêmement rare de photographier, s'appliquent encore des bandelettes.

90-Pékin. Un vieil homme et son oiseau, 1985.
Le vieil homme a préféré s'asseoir sur une fine rambarde de fer, laissant à son oiseau le banc de pierre destiné aux promeneurs.

91-Sur un marché près de Yuanyang (Yunnan), 1993.
Une vieille grand-mère Yi fait manger un bol de nouilles à sa petite-fille, qui ne porte plus le costume traditionnel.

92-Vieux Pékinois, 1985.
Cet inconnu au regard doux et accueillant a accepté, quelque peu amusé, de se laisser approcher par le photographe occidental. Dans les années 1980, il était interdit à un Chinois d'avoir une conversation dans la rue avec un étranger sans être expressément mandaté.

93-Trois sorciers Hani en train de fumer, Yuanyang (Yunnan), 1993.
Les sorciers Hani se réunissent pour répartir équitablement la ressource en eau entre les différentes rizières et préparer les cérémonies entre villages. Lors de ces réunions, où ils font toujours usage de leur Bang, ils ont également pour coutume de s'échanger des cochonnets vivants.

94-Maison de pêcheurs près de Pingyang (Zhejiang), 1996.
La grand-mère et sa fille fabriquent des filets pour la pêche au chalut. Cette activité artisanale est en déclin; elle est peu à peu supplantée par la pêche industrielle ainsi que par les fermes marines situées plus au sud sur cette côte.

95-Chalutiers sur l'île de Dongshan (Fujian), 1996.
Les chalutiers de cette île riche, proche de la côte du Guangdong, partent au-delà de Taïwan pour des campagnes de quinze jours. Chaque bateau est équipé des technologies les plus modernes et dispose d'une petite chapelle recouverte de tissu rouge et dédiée au dieu des Pêcheurs, Guanglong.

96-Le Grand Canal impérial à Yangzhou (Jiangsu), 1992.
Le Grand Canal impérial sert au transport des marchandises du Shandong méridional jusqu'au Zhejiang. Au loin, on aperçoit la pagode bouddhique dite du Sémaphore de l'Écriture.

97-Partie de mah-jong sur une péniche à Yangzhou (Jiangsu), 1992.
Le mah-jong, qui se joue avec de l'argent même en famille, est une sorte de poker où il faut arriver à former les combinaisons gagnantes les plus fortes possible et ce, avant ses adversaires. C'est le jeu le plus répandu dans tout le monde chinois.

98-Pêcheurs sur le fleuve Jaune près de Sanmenxia (Henan), 1998.
Plus il se rapproche de la mer, plus le débit de l'immense fleuve Jaune, dont l'eau a été trop pompée pour irriguer des terres arides, s'épuise. Ces pêcheurs, qui vivent misérablement sur leur barque, sont les derniers témoins d'une activité révolue, à l'endroit même où se développa la première civilisation chinoise.

99-Pêcheur sur le fleuve Jaune près de Sanmenxia (Henan), 1998.
Dans 30 centimètres d'eau boueuse chargée de lœss, sur cette minuscule barque dont les deux flotteurs sont reliés par une simple planche, que reste-t-il à pêcher ?

100-Chantier naval près de Chongwu (Fujian), 1996.
Une « femme papillon » (en chinois *Hui'An Nü*) porte, sous son chapeau pointu de bambou tressé et peint en jaune, une gaze transparente qui lui recouvre entièrement le visage. Les « femmes papillons », qui sont toujours de religion chrétienne, sont spécialisées dans la taille de la pierre et la construction de bateaux en bois.

101-Île de Pingtan (Fujian), 1996.
Dans le détroit de Taïwan, les îles, longtemps fermées aux visiteurs étrangers parce qu'occupées par les militaires, sont balayées par les vents et typhons, créant ainsi un paysage désolé. Les côtes de granit que l'on voit sur cette photo abritent des villages de pêcheurs dont les maisons rappellent étrangement l'architecture des Celtes. Par tradition, les pêcheurs qui vivent ici sont, depuis le XVIIe siècle, de confession catholique.

102-Jonque près de l'île de Pingtan (Fujian), 1996.
Il est devenu extrêmement rare de pouvoir contempler la forme caractéristique d'une jonque en mer de Chine, ce type de bateau traditionnel ayant été délaissé au profit de bâtiments plus modernes. Celle-ci, dont les voiles trouées évoquent un bateau fantôme, croisait au large du chantier d'un nouveau port en eaux profondes.

103-Déchargement des péniches à Baoying (Jiangsu), 1992.
Des hommes déchargent, à la palanche, le sable transporté par les péniches sur le Grand Canal impérial. En équilibre sur une planche étroite et sous un soleil de plomb, il faut faire preuve d'un grand savoir-faire pour transporter une matière aussi lourde.

104-Pêche au cormoran sur le lac de Weishan (Shandong), 1992.
Le cormoran, que certains pêcheurs commencent à dresser alors même qu'ils ne sont pas encore sortis de leur coquille, est capable de répondre à la voix de son maître pour aller capturer sa proie sous l'eau, proie qu'il ne peut avaler en raison de la présence d'un anneau qui lui enserre la base du cou. Au passage, le pêcheur ramassera les plus belles fleurs de lotus qu'on voit pousser au loin sur ce lac qui est traversé par le Grand Canal impérial.

105-Parcs d'élevage de crabes près de Xiamen (Fujian), 1996.
Les crabes, dont la chair, très appréciée par les Chinois, est exportée jusqu'au Japon, sont élevés dans des nasses soutenues par des blocs de polystyrène. La maison flottante est habitée par les gardiens de l'élevage qui s'étend sur des milliers d'hectares.

106-Un marin endormi dans une maison de thé près de Shanghai, 1985.
Il fait si froid que le vieux marin s'est endormi en tenant sa théière brûlante.

107-Train de péniches sur le Grand Canal impérial à Suzhou (Jiangsu), 1992.
La photo a été prise depuis un des ponts traditionnels, très hauts en raison de leur arcature demi-cercle caractéristique, enjambant les canaux de cette ville surnommée la « Venise chinoise ». Les maisons anciennes, dont les briques sont peintes en blanc et les tuiles des toits en noir, ont toutes pratiquement disparu aujourd'hui. Selon le dicton, « Au ciel, il y a le paradis, et sur terre il y a Hangzhou et Suzhou ».

108-Le lac Tai près de Wuxi (Jiangsu), 1996.
Les pêcheurs habitent des jonques à fond plat, typiques de l'endroit, à bord desquelles ils naviguent sur ce lac dont l'eau, si polluée, a été récemment déclarée impropre à la « consommation industrielle ».

109-Touristes chinois dans la station balnéaire de Beidaihe (Hebei), 1987.
Située à 300 kilomètres de Pékin, Beidaihe, dont le nom apparaît gravé dans le granit à l'arrière-plan de ce groupe de « nouveaux touristes », a été pendant quarante ans la station balnéaire réservée aux hauts cadres du gouvernement et du parti communiste.

110-Premiers congés payés à la plage de Qingtao (Shandong), 1987.
En découvrant les joies des vacances, les Chinois du Nord affluent sur les plages de Qingtao, ancien comptoir allemand jusqu'à la Seconde Guerre mondiale connu pour sa bière. Des haut-parleurs ordonnaient à 18 heures de venir rendre les maillots de bain de location.

111-Institut des beaux-arts de Hangzhou (Zhejiang) 1986.
L'école des beaux-arts de Hangzhou, l'une des plus renommées de Chine, a notamment formé le grand peintre franco-chinois Zao Wou-Ki. À l'époque où la photo a été prise, il était particulièrement audacieux de poser nu pour les cours de dessin anatomique. C'est au XIXe siècle que les artistes chinois commencèrent à adopter les canons et les modèles de la peinture occidentale qui se situent à l'opposé de ceux de la peinture chinoise traditionnelle dont Hangzhou fut l'un des centres les plus brillants à partir de l'époque des Song.

112-Opéra Yue dans un quartier populaire de Ningbo (Zhejiang), 1996.
Il existe plus de trois cents styles d'opéras en Chine. Avant la révolution de 1949 et la création de la République populaire chinoise par Mao, les opéras Yue du Zhejiang n'étaient traditionnellement joués que par des hommes. Après quarante ans d'interdiction, ce sont exclusivement des femmes qui ont repris cette tradition. Les vieux musiciens jouent des percussions, du *pipa* (la guitare chinoise) et du *erhu* (le violon chinois à deux cordes). Dans la salle, les spectateurs boivent leur thé en grignotant des graines de tournesol.

113-Usine de thé Oolong à Anxi (Fujian), 1996.
Les huit cents ouvrières de ce hall trient à la main, dans le brouhaha où s'échangent les derniers potins du jour, les meilleures feuilles de thé cultivé sur les montagnes avoisinantes. Le thé vert Oolong, parmi les plus raffinés de Chine, s'exporte dans le monde entier. On est trieuse de mère en fille et cette dernière vient remplacer sa mère lorsqu'elle est malade.

114-Maison traditionnelle à Sanlitun, quartier des ambassades de Pékin, 1985.
Cette maison, grise à l'origine, a été peinte en rose par la municipalité autant par attrait de la nouveauté que pour « faire joli ». La Shanghai stationnée devant, la seule voiture alors fabriquée en Chine, était essentiellement destinée aux cadres du parti communiste. Aujourd'hui, la petite maison rose a fait place à l'une des plus grandes discothèques techno.

115-Paysans du Henan assistant au premier rallye automobile Hongkong-Pékin, 1985.
C'est la première fois que des étrangers étaient autorisés à traverser la Chine en voiture. Pour l'occasion près de dix millions de spectateurs, encadrés par 50 000 policiers, se massèrent le long du trajet. Dans ce village comme partout, la foule, stupéfaite et respectueuse, formait comme une haie d'honneur.

116-Vue de la rue de Nankin à Shanghai, 2000.
Image désormais familière des grandes artères commerçantes de la Chine d'aujourd'hui, les badauds se pressent au milieu de petits trains bondés dont les panneaux publicitaires vantent les mérites des magasins alentour, signalés par leurs immenses enseignes.

117-Pékin. Ruelle d'un vieux quartier, 1985.
Devant une pancarte signalant l'un des premiers « magasins libres », deux vieux Pékinois discutent. Que peuvent-ils acheter ? Les produits des champs que les paysans ont le droit de vendre en ville. Cette photo est devenue un document historique, les gratte-ciel ultramodernes remplaçant inexorablement les quartiers traditionnels de *hutong*, ces ruelles qui faisaient autrefois le charme de Pékin.

118-Kiosque à journaux à Shanghai, 2001.
Aujourd'hui en Chine, il est possible de lancer un journal ou un magazine dans la mesure où celui-ci s'abstient de critiquer le gouvernement. Au succès des magazines économiques, informatiques et féminins, s'ajoutent la vogue des magazines people, dévoilant la vie des stars chinoises de Hongkong et Hollywood. L'apparition des magazines de décoration, sur le modèle occidental, a complètement transformé le style des intérieurs de la classe aisée.

119-Peintres de slogans révolutionnaires maoïstes sur l'avenue de la Paix Céleste à Pékin, 1985.
Ces hommes sont en train de peindre les derniers slogans maoïstes tels qu'on les voyait aux principaux carrefours des artères des grandes villes. Aujourd'hui, ils ont été remplacés par la publicité des grandes marques mondiales.

De gauche à droite et de haut en bas.
120-Chantier du barrage des « Trois Gorges » sur le Yangtsé (Hubei), 2000.
La construction de ce barrage, devant laquelle deux jeunes femmes tricotent, est le plus grand chantier du monde. Son achèvement est prévu pour 2009. Controversé, cet ouvrage est destiné à domestiquer les crues du fleuve Bleu. Son lac de retenue s'étendra sur environ 900 kilomètres et alimentera en eau plusieurs régions alentour.

121-Gare de Chongqing, 1998.
Devant l'horloge, attendant le train comme dans toutes les gares du monde, les hommes et les femmes essaient de nouer des rencontres.

122-Pékin. Cité interdite, 1985.
À cette époque pesait encore, sur les relations entre les hommes et les femmes, le poids des interdits du communisme. Il n'était pas rare d'être condamné à de la prison lorsque des couples se faisaient surprendre dans des parcs dans des attitudes que la morale de l'époque réprouvait.

123-La gare de Pékin, 1985.
Près d'un milliard de voyageurs empruntaient déjà, chaque année, l'ancienne gare de Pékin. Affalés sur un banc de la salle d'attente, deux voyageurs épuisés dorment l'un sur l'autre. En Chine, il est de bon ton de pratiquer la sieste dans les endroits les plus surprenants et les plus incongrus.

124-Shenyang (Liaoning), 1986.
L'affiche de propagande située à l'entrée de cette usine vante les mérites de la politique de l'enfant unique. Il n'est pas facile, lorsque l'on n'est que deux, de jouer au saut à l'élastique.

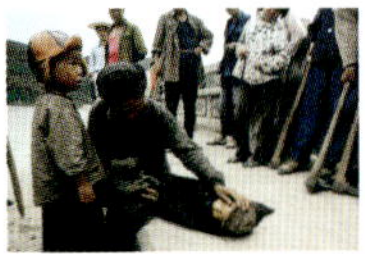

125-Huangguoshu (Guizhou), 1986.
Cette femme, dont on devine les larmes, vient de découvrir que son enfant, qu'elle tenait dans ses bras, est mort de faim. À côté d'elle, les passants la sermonnent, lui disant qu'ils lui auraient donné quelques grains de riz à manger, si elle le leur avait demandé. Il n'y a plus de famine en Chine aujourd'hui. La dernière remonte à 1986, précisément dans cette province.

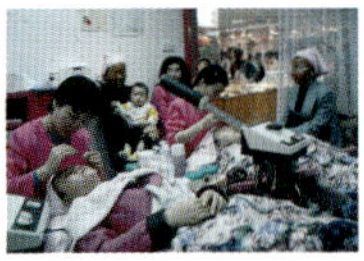

126-Salon de beauté à Ningbo (Zhejiang), 1996.
Dans ce salon situé au cinquième étage d'un grand magasin, les clientes se font nettoyer les yeux ou lisser les cils ; elles peuvent également se faire appliquer des masques de beauté ou recevoir divers soins du visage, ou encore se faire manucurer. La femme chinoise est de plus en plus soucieuse de son apparence et les salons de ce type, où l'on n'hésite pas à venir avec ses jeunes enfants, prolifèrent.

127-Shenzhen (Guangdong), 1995.
La vue sur cette mégalopole moderne, dont les immeubles poussent comme des champignons, est imprenable depuis ce restaurant panoramique tournant, comme il en existe dans toutes les villes, situé au dernier étage d'un gratte-ciel. Les familles chinoises aisées viennent s'y restaurer, dans un cadre huppé, regardant le spectacle fascinant de l'extraordinaire essor des villes chinoises.

128-Shenzhen (Guangdong), 1995.
La photo a été prise à 430 mètres de hauteur, au sommet de ce qui était à l'époque la plus haute tour de Shenzhen, alors en cours d'achèvement.

129-Place du Peuple de Shanghai, 2001.
Dans un restaurant japonais, les clients dégustent des sushis. On trouve dans les villes chinoises, toutes sortes de restaurants proposant des cuisines du monde entier. À l'arrière-plan, comme sur la plupart des grandes places urbaines, un écran géant permet aux badauds de disposer, comme ici, des cours de la bourse, mais également de bulletins d'informations de la télévision d'État, d'images de défilés de mode et, bien sûr, de spots publicitaires.

130-Shanghai, le quartier de Pudon, 2001.
Considéré comme un nouveau Manhattan, le quartier de Pudon veut devenir le plus grand centre financier du monde à l'horizon 2020. Cette photo est prise depuis l'ancien Bund, la promenade qui faisait la gloire de cette ville du temps des concessions étrangères. Ce nouveau centre, commencé à la fin des années 1980, compte des gratte-ciel parmi les plus hauts du monde. Ils avoisinent 500 mètres de hauteur. Au centre, un immense globe terrestre abrite le centre du commerce international.

131-Le peintre franco-chinois Zao Wou-Ki dans son atelier à Paris, 2003.
Considéré en Chine et dans le monde comme l'un des plus grands artistes vivants, Zao Wou-Ki a su allier la tradition picturale chinoise à la vision plus abstraite de la peinture occidentale dont il est l'un des plus illustres représentants.

132-Pékin, vieux quartier, 1985.
À l'automne, sur les rebords de fenêtres, mûrissent des kakis. Cachée derrière ses arbres nains, une vieille Pékinoise épie ce qui se passe. La pratique des jardins miniatures, d'origine chinoise, est un legs du taoïsme pour lequel il y a toujours adéquation entre ce qui est grand et ce qui est petit.

133-Jeunes Khampa pendant les fêtes d'été à Tagong (Sichuan), 2000.
Cette ethnie d'origine tibétaine se rassemble pendant les grandes fêtes qui ponctuent l'été et qui durent chacune près d'une semaine. Contrairement à la discrétion chinoise, les mœurs sexuelles sont ici beaucoup plus libres. Ces grandes fêtes bouddhiques sont l'occasion de rencontres entre garçons et filles. Celles-ci claquent des dents pour signifier à l'élu de leur cœur qu'il est invité à s'approcher d'elles.

134-Hauts plateaux près de Maniganggo (Sichuan), 2000.
À plus de 4 000 mètres d'altitude, les tentes des nomades Khampa, gardées par les terribles chiens mastiffs au pelage brun rouge, sont plantées au milieu de prairies grasses où pacagent leurs immenses troupeaux de chevaux et de yaks. Ces riches nomades Khampa pratiquent l'élevage et restent habituellement sur les hauts plateaux pendant la saison estivale, à l'issue de laquelle ils redescendent dans les vallées.

135-Femme et homme Khampa à Litang, 2000.
Au mois de juillet, le grand rassemblement bouddhique de Litang donne lieu à des joutes acrobatiques à cheval qui attirent des milliers de spectateurs. La femme a revêtu un costume d'apparat tandis que l'homme, coiffé du turban rouge sous un chapeau de feutre, porte celui de tous les jours. Les Khampa investissent toutes leurs richesses dans leurs tenues et participent à des concours de costumes qui leur permettent de comparer leurs coiffes surchargées d'ambre, de turquoise, de coraux, d'or et d'argent, témoignages de la vivacité de leurs traditions. Certains de ces costumes, faits de peaux de tigre et de léopard des neiges, constellées de bijoux d'or et d'argent pesant plusieurs kilos, se sont vendus à l'étranger jusqu'à trois millions de dollars.

136-Chasseurs à l'aigle Khazak près de Yining (Xinjiang), 1988.
La chasse à l'aigle se pratique à cheval, sur lequel est installé un triangle de bois qui permet au bras du chasseur de porter sans se fatiguer les quelque 13 kilos de l'oiseau de proie encapuchonné et dressé à chasser le loup, le renard, le lapin et les caprins sauvages. Les aiglons sont dressés sur une balançoire à laquelle on les attache yeux bandés pendant un mois jour et nuit pour casser leur instinct et les soumettre entièrement aux sifflements et aux gestes de l'homme qui les nourrit. Les chasseurs nomades qui vivent sous la yourte portent le chapeau blanc traditionnel.

137-Intérieur de yourte près du lac de Sailimu, (Xinjiang), 1988.
À la frontière du Kazakstan, les femmes et les enfants d'une famille de nomades se réchauffent autour d'un poêle de fabrication russe. Ils s'apprêtent à manger des galettes de blé et des fromages faits de lait de jument et de brebis. Les reflets rouges de la photo sont dus à la feuille de plastique rose qui recouvrait, à ce moment de la journée, l'ouverture centrale du toit de cette ample yourte.

138-Centrale thermique près de Baotou (Mongolie intérieure), 1985.

Cette centrale thermique construite au début des années 1980 par les Français permet d'alimenter en électricité les régions au nord-ouest de Pékin. Au premier plan un paysan mongol, pour qui cette production d'électricité n'est d'aucun apport, transporte des choux par moins 30 °C.

139-Dans une rue à Pékin, 1985.

Soucieuses de préserver la peau de leurs visages contre le vent de sable venu du désert de Gobi, il n'est pas rare de voir les Chinoises se couvrir entièrement la tête avec une mousseline. Le nord de la Chine, ensoleillé l'hiver et orageux l'été, est souvent balayé par des tempêtes. Depuis quelques années, une réglementation très stricte a entraîné une chute spectaculaire de la pollution, même s'il reste encore beaucoup à faire.

140-Porte d'une maison forte Hakka dans le sud du Fujian, en 1996.

Les maisons phalanstères circulaires ou carrées des Hakkas, construites en grosses briques de terre cuite, peuvent abriter jusqu'à cent familles en même temps, pour former un clan. La nuit, l'unique porte est fermée et gardée. À l'intérieur, toutes les habitations s'ouvrent sur une cour centrale, où tout le clan vit ensemble. Les Hakkas continuent à ériger ces véritables forteresses pour y habiter. Cette région, située aux confins du Guangdong, fut à l'origine, au début du XIXe siècle, d'une grande part de la diaspora chinoise.

141-Maisons de bois à Baxie, pays Dong (Guangxi), 1989.

Les maisons Dong peuvent avoir cinq étages. Construites selon les règles sacrées de l'architecture, sans clous ni liens, sans tenons ni mortaises, elles reposent à même le sol, sur de simples dalles de pierres faisant office de fondations. Leurs habitants, qu'on voit aux balcons et aux fenêtres, n'acceptèrent de poser qu'au prix de longs palabres où dut intervenir l'interprète instituteur du village.

142-Même lieu.

Chaque année, les femmes Dong tissent des bandes de coton de près de 50 mètres de long destinées à la confection du costume traditionnel pour toute la famille. Six mois de travail sont nécessaires pour réaliser les quatorze étapes indispensables à la réalisation de ce tissu qui sera martelé et laqué.

143-Une maman et ses enfants, pays Dong près de Baxie (Guangxi), 1989.

Cette jeune femme, qui chante des comptines éducatives à ses deux enfants, rentre au village, de retour du « pont de la Pluie et du Vent » que l'on voit en contrebas et que les hommes du village étaient en train de réparer. Il y a quarante-quatre sortes de chansons en pays Dong, chacune obéissant à des règles musicales précises. L'apprentissage de cette culture chantée se fait en trois cycles, de six ans jusqu'à vingt ans.

144-Même lieu.

Le repiquage du riz s'effectue deux fois par an. Ici, la grand-mère repiqueuse, qui chante toujours des comptines éducatives, porte son petit-fils sur son dos.

145-Même lieu.

En pays Dong, le jour de la fête des Cent Mariages, qui succède à celle du Nouvel An, la dot principale de la mariée est un cochon enduit de son propre sang.

146-Sommet de la montagne Jaune en pays Dong (Guizhou), 1990.

Dans chaque village Dong est élevé un « buffle-roi ». Cet animal incarne l'honneur de la communauté. Chaque début d'automne, tous les villages amènent leurs buffles au sommet de la montagne Jaune pour les faire combattre. Ici, juste avant le combat, l'animal est promené autour des joueurs d'orgue à bouche qui portent des drapeaux rouges. Ces bannières, symboles de l'honneur du village, seront prises par les vainqueurs à l'issue du combat.

147-Vieille femme près de Nanning (Guangxi), 1989.

Cette femme très âgée, au dos brisé par le repiquage du riz, se rend chez sa fille dans le village voisin. Elle tient à la main, dans un chiffon rouge, tout ce qu'elle a de plus précieux.

148-Grande fête annuelle des Dong à Fulu (Guangxi), 1990.

Le troisième jour du troisième mois lunaire se tient la grande fête annuelle des Dong ; elle rassemble, pendant près d'une semaine, quelque deux cent mille personnes. Cette jeune femme de l'ethnie voisine des Miao, qui s'abrite sous un parapluie en papier huilé, a parcouru plus de 30 kilomètres dans les montagnes pour assister aux réjouissances.

149-« Pont de la Pluie et du Vent » à Baxie (Guangxi), 1990.

Neuf jours après le Nouvel An, cette jeune femme Dong apporte à son père, dans un panier de bambou finement tressé, le riz gluant coloré de rouge ou de jaune. Il s'agit d'une coutume ancestrale, commune à l'ensemble de la Chine, qui illustre la place gardée par les parents dans le cœur de toutes les femmes qui quittent leur famille, lors du mariage, pour aller vivre dans celle de leur mari.

150-Ferme Hani près de Yuanyang (Yunnan), 1993.

Apu, très fier d'aller à l'école depuis deux ans, est le petit-fils du sorcier Grand Dragon dont il garde le buffle « Immense Savoir ». « Immense Savoir » vient de ramener, seul, chez lui, Grand Dragon qui dormait sur son dos. Apu s'apprête à frotter l'animal avec de la paille de riz mouillée pour que sa peau ne craquelle pas, avant de lui donner de quoi manger dans son auge.

151-Opéra Dong à Baxie (Guangxi), 1990.

La scène d'opéra couverte, comme dans tout village Dong, est située sur la place principale en face de la tour du Tambour. Chaque hiver, les jeunes gens et les jeunes filles qui veulent se marier composent un nouvel opéra. Au printemps, ils partent le chanter de village en village à la recherche de l'âme sœur. Avant de se marier, les amoureux doivent se chanter chaque jour mutuellement des chants d'amour en présence des parents pendant cinq ans, de façon que ceux-ci puissent vérifier l'harmonie du couple qu'ils formeront.

152-Pékin. Chanteur d'Opéra, 1999.

Les personnages de l'Opéra chinois classique, qui se confond avec le théâtre, sont caractérisés de façon très stricte par leur costume et leur maquillage. Ici, c'est un guerrier de type wusheng, reconnaissable aux drapeaux qu'il porte dans le dos. Les visages des acteurs peuvent aussi être peints entièrement, par exemple en blanc mat avec des lignes noires indiquant les rides ou au contraire de couleurs vives. Chaque catégorie de personnages est tellement typée qu'elle fait appel à des acteurs spécialisés.

153-Opéra Yue à Ningbo (Zhejiang), 1996.
Les actrices qui sortent de scène ont joué des rôles masculins. Au Zhejiang, ce sont les femmes qui, après quarante ans d'interdiction, ont renoué avec la tradition de ce type d'opéras qui était toujours joué par des acteurs masculins.

154-Chanteur d'opéra, Pékin, 1999.
Les personnages de l'Opéra chinois classique, qui se confond avec le théâtre, sont caractérisés de façon très stricte par leur costume et leur maquillage. Les visages des acteurs peuvent aussi être peints entièrement, par exemple en blanc mat avec des lignes noires indiquant les rides ou au contraire de couleurs vives. Chaque catégorie de personnages est tellement typée qu'elle fait appel à des acteurs spécialisés.

155-Cérémonie funéraire Hani près de Yuanyang (Yunnan), 1993.
Le sorcier Grand Dragon, la tête recouverte d'un masque de dragon sculpté en papier mâché, exécute une danse rituelle autour de la table, placée devant la maison du défunt. Au pied de celle-ci, sur laquelle on a déposé un bol de riz et une bouteille d'alcool de riz, se trouve la tête du buffle appartenant au défunt. L'animal a été décapité par Grand Dragon à l'écart du village et sa tête sera ensevelie avec le défunt.

156-Enterrement chrétien sur l'île de Pingtan (Fujian), 1996.
La côte sud-est de la Chine est la région où l'on trouve encore le plus de communautés chrétiennes depuis l'arrivée des jésuites au début du XVIIe siècle. Le blanc est en Chine la couleur du deuil. Les deux jeunes femmes portent la photo du défunt. Derrière elles, sous la bannière portant la croix chrétienne, précédé par un orchestre, défile le cortège composé de la famille et des proches.

157-Moine taoïste des monts Wudang (Hubei), 2001.
Le moine taoïste en prière vient de placer des bâtonnets d'encens dans l'urne de bronze sur la tête de dragon, pointée vers le Pic d'Or du monastère de Nanyan. Selon la légende, les monts Wudang, où un moine aurait écrit le livre du Tao, abritèrent notamment le prince Tai venu, il y a cinq mille ans, y pratiquer la méditation et les arts martiaux. C'est depuis cet endroit qu'il se serait jeté dans le vide pour sauver une belle jeune fille, venue en vain le séduire et l'empêcher de méditer, et qui avait fait semblant de sauter. Au cours de sa chute, cinq dragons auraient emporté le prince jusqu'au sommet du Pic d'Or.

158-Vieux pêcheur près de Wenling (Zhejiang), 1996.

159-Vieille femme Dong près de Baxie (Guangxi), 1990.

160-Porte Wumen de la Cité interdite, Pékin, 2001.
Pour pénétrer dans la cité impériale, interdite au peuple du temps des empereurs, il faut, après avoir franchi la porte Tian Anmen, passer sous celle du Méridien Wumen et traverser la douve intérieure Jinshui (Le ruisseaux aux eaux d'or) sur d'élégants ponts de marbre. Au fond de l'immense cour s'élève la Porte de l'Harmonie suprême Taihe où l'empereur, sous les Ming et les Qing, écoutait ses ministres et donnait ses audiences. La Cité interdite est le monument le plus visité de Chine. Des dizaines de milliers de familles s'y pressent, comme en pèlerinage, tous les jours.

161-Moine bouddhiste à Xuzhou (Jiangsu), 1985.
Les prières et les prophéties calligraphiées par ce moine, sur un large cahier de feuilles en papier de riz, sont destinées aux pèlerins qui les sollicitent, moyennant une offrande. Elles sont censées porter chance et bonheur à ceux qui les reçoivent. La photo ne montre pas le cordon militaire, disposé autour du temple, qui empêchait les adeptes, venus nombreux en ce jour de fête des Lanternes, d'y pénétrer. Aujourd'hui, tant les pagodes bouddhiques que les temples taoïstes sont totalement ouverts, soigneusement entretenus et remplis de fidèles de tous âges, y compris des jeunes. Pour faire face à un tel afflux, partout, dans le pays, surgissent de nouvelles constructions religieuses.

162-Intérieur de la Cité interdite de Pékin avant sa rénovation, 1987.
La Cité interdite est désormais l'endroit le plus visité de Chine. Tous les jours, venue des quatre coins du pays, comme en pèlerinage, la foule se presse à la découverte des trésors du passé impérial dont l'accès lui était resté si longtemps défendu et qu'elle se réapproprie. Depuis l'époque où cette photo a été prise, les bâtiments ont été entièrement restaurés et les gigantesques colonnes ont retrouvé leur éclat originel.

163-Cérémonie taoïste au monastère de l'Empirée Pourpre des monts Wudang (Hubei), 2001.
Les trois nonnes, revêtues des habits rituels de soie brodée, font le salut taoïste devant l'effigie de l'Empereur de Jade et du « Vrai Guerrier ». Sur le côté, trois moines se tiennent devant un autel sur lequel reposent des instruments de percussion et un orgue à bouche. Ces religieux commémorent la naissance du prince Tai que l'Empereur de Jade nomma « le Vrai Guerrier », gardien du Nord du Ciel, qui est célébré le troisième jour du troisième mois lunaire. Ces fêtes attirent chaque année près de cinq millions de pèlerins sur la montagne.

164-Monastère bouddhiste suspendu de Xuankong Si à Hengshan (Shanxi), 1988.
Situé à 65 kilomètres au sud-est de Datong, le monastère de Xuankong Si est plaqué à une hauteur vertigineuse sur une falaise des gorges du Jinlong. Il fut fondé au VIe siècle et ses bâtiments de bois sont reliés entre eux par des ponts et des passerelles. À l'intérieur on trouve de nombreuses statues de bronze et de pierre. Parmi elles, côte à côte, à l'intérieur du temple dit des « Trois Religions », trônent les effigies de Laozi, Confucius et Bouddha.

165-Construction d'un nouveau temple bouddhique à Ningbo (Zhejiang), 1996.
Financé par un milliardaire de la diaspora, pour remplacer une construction ancienne détruite dans les années 1950, cet immense temple bouddhique témoigne de l'engouement retrouvé des Chinois pour cette grande religion du Salut. Au moment où la photo a été prise, le moine s'est mis à pleurer, ému de retrouver un lieu de culte après de longues années durant lesquelles il en avait été privé. Au premier plan, la statue du bodhisattva Guanyin mesure près de 6 mètres de haut.

166-Grand Temple de Confucius à Qufu (Shandong), 1994.
Devant les gigantesques colonnes de pierre sculptées de motifs de dragons, à l'endroit où, selon la tradition, sous un abricotier, le maître philosophe dispensa son enseignement à trois mille disciples, ce confucéen s'apprête à frapper un gigantesque tambour rituel. Ce jour-là, date de son anniversaire considéré, jusqu'en 1911, comme fête nationale, avaient lieu dans la ville natale de Confucius les cérémonies de réhabilitation du grand sage, après quatre-vingts ans d'interdiction.

167-Bouddha Vairocana à Longmen (Henan), 1998.
Longmen est l'un des sites bouddhiques les plus anciens de la Chine. Depuis la dynastie des Wei du Nord (en 494 ap. J.-C.), ses falaises ont été sculptées et creusées de plus de mille trois cents grottes. Quatre-vingt-dix-sept mille statues, représentant tout le panthéon bouddhique, font de cet endroit un sanctuaire unique, particulièrement visité par les Chinois. Le grand Bouddha cosmique Vairocana, assis dans la position du lotus, mesure près de 10 mètres de haut.

168-Monastère taoïste du mont Jaune à Yan'an (Shaanxi), 1998.
Le moine au sourire débonnaire adresse un au revoir amical au visiteur, comme s'il voulait remercier celui-ci d'avoir fait l'effort de monter jusqu'à ce petit monastère surplombant la ville de Yan'an. C'est là que Mao Zedong installa son quartier général troglodyte, à l'issue de la Longue Marche.

169-Drapeaux de prières tibétains dans le district de Ganzi (Sichuan), 2000.
Les monastères du Kham – cet ancien royaume tibétain où la tradition religieuse du lamaïsme bouddhique est redevenue extrêmement forte – sont souvent entourés, comme ici, d'une véritable forêt de drapeaux de prières. Sur ces ornements cultuels sont écrits des mantras. Ces formules rituelles, caractéristiques du lamaïsme tibétain, sont répétées inlassablement par les moines. Les paroles bénéfiques qu'ils contiennent sont censées être dispersées par le vent aux quatre coins du monde…

170-École bouddhique dans le district de Ganzi (Sichuan), 2000.
Dans les volutes d'encens qui s'échappent d'une jarre de bronze, au milieu d'une cour décorée de fleurs multicolores en plastique, des novices en prière écoutent avec ferveur le sermon d'un grand lama, absent sur la photo, qui leur délivre sa parole au micro du haut de ses appartements, situés au troisième étage du bâtiment. Un tiers de la population masculine de l'ancien royaume du Kham entre dans les ordres, depuis que les monastères de cette région ont été reconstruits à la fin des années 1980.

171-Falaises sculptées à Dazu (Chongqing), 1998.
La représentation de la gigantesque Roue de la Loi, symbole de l'enseignement du Bouddha, est l'une des plus célèbres sculptures bouddhiques polychromes de ce site. Situé à environ 150 kilomètres au nord-est de Chongqing, la réalisation de cet ensemble se déroula sur près de soixante-dix ans, autour de l'an 1200. On dit que Zhou Enlai en personne ordonna aux Gardes rouges de l'épargner pendant la Révolution culturelle. La pièce la plus importante de Baoding Shan est un Bouddha couché de 31 mètres de long et de plus de 5 mètres de haut.

172-Jeune maître taoïste d'arts martiaux au monastère de l'Empirée Pourpre des monts Wudang (Hubei), 2001.
En équilibre sur une rambarde de pierre, le moine taoïste Petit Zhong, comme prêt à bondir, s'adonne en fait à une posture de défense. Il est, depuis douze ans, l'un des disciples du grand maître Zhong. Le grand maître Zhong officie dans le temple de l'Empirée Pourpre, en perpétuant l'enseignement de Zhang Sanfong, le moine taoïste considéré, en Chine, comme le fondateur des arts martiaux dits internes. Depuis la prise de cette photo, ce moine a quitté son temple pour aller porter la bonne parole des arts martiaux dits internes dans les villes de Shenzhen et Shanghai.

173-Moine taoïste ouvrant les portes du monastère de l'Empirée Pourpre des monts Wudang (Hubei), 2001.
La porte dessine le symbole du grand principe d'ordre du yin et du yang, l'essence même de la pensée taoïste. Le moine est l'un des adeptes les plus compétents en arts martiaux dits internes sur tout le territoire chinois. Selon la tradition, c'est à côté du monastère de l'Empirée Pourpre des monts Wudang que le livre du Tao aurait été écrit par le gardien des lieux, auquel Laozi, « assis sur le buffle mythique qui l'emmenait vers l'Ouest », aurait transmis les cinq mille caractères du Livre de la Voie et de la Vertu.

174-Moine taoïste itinérant, en pèlerinage aux monts Wudang (Hubei), 2001.
Une soixantaine d'ermites habitent dans ces montagnes, où ils méditent, en harmonie avec la nature, tel celui-ci, assis sur un rocher au milieu d'un torrent. Ce moine tient le bâton à tête de dragon et possède pour tout bagage le petit sac noir au motif du yin et du yang, dans lequel il range le livre du Tao et quelques effets personnels. Au moment où la photo a été prise, il parcourait la Chine depuis quinze ans en tant que conteur d'histoires et de légendes taoïstes.

175-Moine taoïste, maître d'arts martiaux, au monastère de l'Empirée Pourpre (Hubei), 2001.
Ce maître d'arts martiaux, disciple du grand maître Zhong, procède à des assouplissements préparatoires au combat. Chaque année, l'école des arts martiaux taoïstes des monts Wudang dits internes (art de la défense) rencontre celle des arts martiaux bouddhistes dits externes (art de l'attaque) de Shaolin. En 2001, le vainqueur fut Wudang, qui remporta cinq combats contre un seul pour Shaolin.

176-Corridor du Palais d'été à Pékin, 1998.
Le long du lac Kunming, avant l'ouverture au public de ce parc situé à une vingtaine de kilomètres de la place Tian Anmen, trois balayeuses s'activent au petit matin. Le Changlang, longue galerie couverte de plus de 700 mètres, décorée de peintures mythologiques, borde la rive nord du lac de la résidence d'été des derniers Empereurs de Chine. Elle permettait à ceux-ci de se promener, à l'abri du soleil et de la pluie, le long de cet immense plan d'eau. Le parc du Palais d'été reste l'un des lieux favoris de promenade des Pékinois.

De gauche à droite et de haut en bas
177-Parc des oiseaux à Pékin, 1991.
Fuyant la moiteur estivale de Pékin, les promeneurs viennent volontiers s'asseoir et chanter des airs d'opéra sous cette galerie couverte, de part et d'autre de laquelle on aperçoit le lac qui servait de point de départ au Grand Canal impérial reliant Pékin à Hangzhou. Il est d'usage, en Chine, lorsqu'il fait chaud, de relever le bas de son pantalon comme un short.

178-Jardin de l'Humble Administrateur à Suzhou (Jiangsu), 1999.
Réalisé au début du XVIe siècle et s'étendant sur près de cinq hectares, ce jardin, qui est le plus célèbre de Chine, abrite également une maison de thé et un musée où l'on explique les principes de l'art chinois des jardins, ce mélange subtil de chaos et d'harmonie qui associe toujours les Quatre Éléments : l'eau, la pierre, les plantes et l'architecture.
Au printemps, les pollens et les chatons se déposent sur les lacs et les massifs constellant de petites taches blanches l'ensemble du paysage.

179-Jardin des Plaisirs harmonieux du Palais d'été, Pékin, 2000.
L'élégant pavillon de bois, qui se reflète dans le lac des Lotus, servait de refuge aux lettrés de la Cour ; ils venaient s'y adonner aux plaisirs raffinés des arts de la calligraphie, de la musique et de la poésie. Le jardin des Plaisirs harmonieux est l'un des plus représentatifs de l'esthétique des jardins du nord de la Chine.

180-Pavillon des Trente-Six Canards Mandarins du jardin de l'Humble Administrateur à Suzhou (Jiangsu), 2000.
La gardienne pique un petit somme contre la claire-voie. Derrière, on distingue la pièce d'eau, au bord de laquelle se trouve le pavillon d'agrément que le maître des lieux avait fait construire il y a cinq siècles, pour venir se reposer et méditer. Ce parc, où l'architecture, les rochers, les arbres, les buissons, les fleurs et l'eau se conjuguent harmonieusement, connu également sous le nom de « jardin de la Politique des Simples », est l'un des plus célèbres de Suzhou et de Chine. Il fut conçu et aménagé au début du XVIe siècle, et s'étend sur plus de cinq hectares.

181-Rizières en terrasses près de Shaoxin (Guizhou), 1989.
Dans les maisons Dong, le balcon du premier étage, sur lequel donne la pièce à vivre, est toujours orienté vers le sud. Le coton mis à sécher par cette jeune femme lui servira à tisser les vêtements de la famille, pendant l'hiver. L'air mélancolique de cette jeune Dong contemplant le paysage automnal s'explique par les difficultés qu'elle avait alors à trouver un mari. Aux dires de sa famille, elle ne chantait pas suffisamment bien pour intéresser un garçon.

182-Femme Bouyei près de Shitoucai (Guizhou), 1986.
Une pose sur la route se justifie bien quand on transporte deux fagots de bois aussi énormes, en équilibre sur une palanche. Une certaine gêne est perceptible dans le regard de cette femme, coiffée du turban de batik bleu et blanc caractéristique de cette ethnie, la minorité Bouyei, dont elle est issue. C'était la première fois qu'elle était photographiée et qu'elle croisait un Occidental.

183-Ruelle à Sanlidong (Guizhou), 1990.
Dans la ruelle étroite et sombre, dont les maisons se rapprochent, d'étage en étage, jusqu'à se toucher au niveau du toit, une paysanne Dong rapporte chez elle les légumes de son potager. Tous les villages Dong sont ainsi de véritables labyrinthes de ruelles dallées de grosses pierres, bordées de hautes maisons de bois, où la lumière du jour pénètre à peine.

184-Rizières en terrasses à Yuanyang (Yunnan), 1993.
La photo a été prise au printemps, au moment où les rizières ne sont pas encore inondées parce que les plants n'y ont pas encore été repiqués. À chaque saison, et selon l'orientation, le paysage change. Un mois plus tard, ces terrasses, sculptées dans la montagne par les paysans, seront verdoyantes. Au premier plan, à gauche, on aperçoit quelques granges à riz au milieu des rizières pour entreposer les outils et faire une sieste après les repas.

185-Reconstruction de l'avenue Wangfujing à Pékin, 2000.
Dans cette rue qu'il est commun d'appeler les « Champs Élysées » chinois, les buildings innombrables poussent à une allure vertigineuse, comme partout en Chine. On y retrouve la sempiternelle limousine, cabriolet rouge, de fabrication chinoise servant à tous les mariages et réjouissances à travers le pays.

186-Plage n° 1 de Qingdao lors des premiers congés payés en Chine, 1987.
Cette jeune fille, enfant unique, avait dans les yeux toutes les interrogations sur les changements radicaux qu'elle pouvait voir autour d'elle, en Chine, à cette époque-là. Les premiers congés payés en 1987 marquèrent le début du tourisme autochtone, ce qui permit à de nombreux Chinois de redécouvrir le patrimoine culturel et naturel de leur pays.

187-Deux vieux Pékinois, 1986.
Le photographe déclenche la débonnaire moquerie de ses modèles improvisés. Les personnes âgées, qui sont toujours en Chine l'objet d'un grand respect, étaient souvent assises dans les rues pour surveiller ce qui s'y passait, avant d'aller faire leur rapport hebdomadaire auprès du responsable du quartier.

188-Rassemblement de femmes Hani à Yuanyang (Yunnan), 1993.
Venues de tous les villages, les femmes, coiffées du turban de laine sur lequel est posé le chapeau en bambou, sont rassemblées pour participer à la réalisation des nouvelles rizières, taillées dans la montagne, qui seront offertes aux jeunes mariés. La découverte de l'étranger explique la stupéfaction qu'on peut lire dans certains regards.

189-Parc du Temple du Ciel à Pékin, 1999.
Les exercices de taijiquan et de danse avec l'éventail rouge sont monnaie courante, le matin de bonne heure, dans les parcs des villes chinoises, mais également sur les places ou le long des grandes artères. Ce jour-là avait lieu, dans le parc du Temple du Ciel à Pékin, le grand rassemblement d'une association sportive, largement annoncé la veille à la télévision.

190-Mariage près de Ansai (Shaanxi), 1998.
La jeune femme vient d'apprendre que son futur époux a été légèrement accidenté à moto sur le chemin de la noce. Le montant de sa dot a été négocié entre les familles, sans qu'elle ait eu son mot à dire sur ce mariage arrangé. Derrière elle, sous le caractère *Xi* du « double bonheur », se tient la famille de l'époux, qui habite une maison troglodyte, creusée dans le lœss, dont l'intérieur a été décoré en vue de ce mariage.

191-Le peintre Fang Lijun, à Dongxian, près de Pékin, 1998.
Ce peintre né au Hebei en 1963 est actuellement l'un des plus cotés sur le marché international de l'art. Dongxian est devenu un centre artistique important, où résident un nombre croissant d'artistes et de plasticiens. Depuis une dizaine d'années, l'art contemporain chinois connaît un vrai succès aux États-Unis, en Europe et au Japon.

192-Scène de rue à Chongqing, 1998.
Les paysans venus vendre en ville leur force de travail peuvent se nourrir d'un bol de riz et de légumes, arrosé de gras de porc, pour un yuan (13 cents d'euro). Des millions de travailleurs, issus des campagnes déshéritées, sont ainsi employés sur les innombrables chantiers qui transforment rapidement le paysage urbain du pays. La ville-province de Chongqing atteint aujourd'hui 40 millions d'habitants.

193-Restaurant à Chongqing, 1997.
Un concours de beauté a été organisé dans l'immense salle de ce restaurant populaire de fondues de piments sichuanaises. Le récipient à fondue, chauffé au gaz, est disposé au centre de la table ronde. Les convives y font bouillir les légumes, la viande, les champignons, les poissons et les crustacés. La cuisine sichuanaise est l'une des plus épicées du monde.

194-Carrefour à Canton, 1995.
Ce minuscule espace vert a été aménagé au pied d'une grande affiche à la gloire de Deng Xiaoping, à Canton. Le grand dirigeant historique, mort en 1997, à qui la Chine actuelle doit sa modernisation, est accompagné du slogan : « Avançons pour mille ans sur la voie du modernisme tracée par Deng Xiaoping. »

De gauche à droite et de haut en bas

195-Jeune femme dans un village de pêcheurs de la province du Zhejiang, 1996.

Cette jeune femme, prise sur le vif dans ce village pauvre du sud de la province du Zhejiang, est en train de ravauder des filets de pêche. Arborant un perfecto et maquillée avec soin, elle témoigne de l'écart des générations, de plus en plus perceptible en Chine, depuis que le pays vit pleinement à l'heure de la mondialisation.

196-Danseurs dans le parc du Temple du Ciel à Pékin, 1994.

Tous les types de danses, rock, cha-cha-cha, tango, valse..., sont pratiqués le matin dans les parcs, au même titre que les arts martiaux et la calligraphie éphémère, à même le sol, pour se préparer, comme on dit, à une « journée de bonne humeur ». Ici, deux retraités effectuent une passe de rock'n roll.

197-Boutique familiale à Chongqing, 1997.

Dans ce minuscule espace, qui est, en fait, l'entrée de leur maison, trois générations de femmes (la grand-mère, la mère et la fille) vendent quelques produits de première nécessité, ainsi que l'usage du téléphone. De tels commerces étaient prohibés jusqu'au début des années 1980. Aujourd'hui, chacun peut s'improviser, depuis chez lui, commerçant, restaurateur, coiffeur, tailleur ou écrivain public.

198-Marché de vêtements à Chengdu (Sichuan), 1988.

En 1983, les marchés libres, auxquels les Chinois ont toujours été profondément attachés, recommencèrent à être tolérés, en même temps que les femmes étaient autorisées à témoigner d'une certaine coquetterie vestimentaire. Ici, dans la capitale du Sichuan, le jean a déjà supplanté le costume mao.

199-Jeune femme à Shanghai, 2001.

Au cours de l'année 2003, la Chine a fêté son cent millionième abonné au portable. Il est courant, dans les classes aisées, dont cette femme branchée fait visiblement partie, d'en posséder deux : un pour le travail et l'autre pour l'usage personnel. Plus qu'ailleurs, le coût de la voiture restant en Chine très élevé, la possession d'un portable, souvent orné d'un bijou, d'un clignotant, ou encore d'un hologramme fluorescent, est devenue un signe de réussite sociale. Dans un pays passé directement au téléphone portable, le téléphone fixe demeure l'exception.

200-Boutique de thé rue Wangfujing, à Pékin, 1998.

Semblable désormais à toutes ses homologues des grandes villes du monde, la rue Wangfujing, célèbre pour ses boutiques de luxe, est la grande artère commerciale de Pékin. Elle est devenue piétonne en 2000. Dans ce magasin au cadre raffiné, les thés se vendent comme des parfums ou des cosmétiques haut de gamme.

201-Rue de Yinchuan, à Ningxia, 2002.

On joue aux échecs à même le sol, devant la luxueuse vitrine d'un grand magasin. Le tempérament joueur et parieur des Chinois, qui les fait jouer sans la moindre gêne dans les endroits les plus inattendus, étonne toujours le voyageur occidental lorsqu'il se rend en Chine pour la première fois.

202-Pékin, 1998.

Le vélo reste, y compris au milieu des encombrements à Pékin, le moyen de transport le plus utilisé dans la capitale. C'est son unique enfant, tendrement endormi contre son dos, que ce papa transporte pour aller se promener à la Cité interdite.

203-Restaurants de plein air sur le quai de la Rivière des Perles, à Canton, 1995.

Avant le début du service, dans l'un de ces restaurants de plein air qui comptent plus de trois mille tables, les serveurs sont assis autour de spécialités cantonaises à base d'épinards, de poisson à la vapeur, de porc bouilli et de canard aux flageolets. Spontanément, comme il est fréquent en Chine, on invite « le bon vieil ami étranger » à trinquer et à célébrer « la nouvelle amitié entre tous les peuples du monde ».

204-Gratte-ciel dans le quartier de Pudong, à Shanghai, 2001.

Du haut du cinquante-troisième étage, le hall d'accueil d'un hôtel qui en compte trente-cinq de plus offre un véritable panorama de science-fiction, illustrant ce que deviennent désormais les grandes villes chinoises. L'ambition des autorités chinoises est de faire de Pudong le Manhattan de demain !

De gauche à droite

p.8 • Un panda géant à l'entraînement pour un numéro de cirque au zoo de Canton, 1985.

• Au temple des mille bouddhas (Sichuan), 1987. Comme dans beaucoup de monastères bouddhistes, les pèlerins ferment les yeux à plus de quinze mètres et marchent pour aller invoquer de la main le caractère Fu : le bonheur, la chance, la fortune...

p.13 • Au pied des monts sacrés taoïstes de Wudang (Hubei), 2001. Mme Li, dans son tout petit temple au pied de la montagne, est vénérée comme la doyenne chinoise pour ses 138 printemps, entre la réalité et la légende de l'immortalité taoïste. Elle dit : « Pour vivre vieux, il faut éviter la vanité, manger les légumes du jardin et boire l'eau à la source ».

• Pékin, 1986. Dans le temple du ciel, un gardien joue au frisbee.

p.14 • Pékin, 1985. Au début des marchés libres où toutes les combines sont possibles, les appareils électroménagers japonais deviennent le rêve de toutes les familles chinoises.

• À Datong (Shanxi), 1988. Un menuisier livre allégrement une armoire sur son vélo triporteur devant une des portes en forme de pagode des anciennes fortifications de la ville.

p.19 • À Baxie, en pays Dong, (Guangxi), 1990. Un joueur d'orgue à bouche en bambou, appelé Lusheng, se prépare aux joutes entre villages.

• Guizhou, 1986. Pendant une série de portraits devant un fond peint par les artistes de « Kaltex », un paysan vient spontanément exhiber un billet de dix yuans (1,50 euro) comme un rêve et une revendication lancés au monde et à son propre avenir.

REMERCIEMENTS

À ma mère, Michèle, qui m'a donné tant d'amour, la passion des arts, de la couleur, des lumières et tant d'autres choses. Elle qui m'a sans relâche encouragé à découvrir le monde et à m'ouvrir aux autres, tout en préservant un havre de paix et d'harmonie.

À mon père, Jean-Pierre, pour l'apprentissage de l'honnêteté, du respect des autres, l'amour du travail bien fait et la passion des belles choses.

À toute ma famille, un éternel refuge : ma sœur Claire Layma, mes grands-parents Georgette et René Triste et mon oncle Alain Triste.

À Paul Berger, un grand maître qui trouva en moi un disciple à qui transmettre son savoir et la passion d'un art de l'observation : l'entomologie. Grâce à sa patience, j'ai appris à aimer apprendre avec les yeux, dans la nature, construisant pas à pas une méthode pour regarder.

Au Dr. Yves Le Floch, un merveilleux père spirituel, pour toutes ces belles conversations si fondatrices : pour m'avoir appris les bases de la photographie au moment décisif et pour m'avoir soigné si gracieusement toute ma vie.

À Serge Renard qui m'a fait comprendre le devoir et la passion du voyage.

À Catherine Zittoun pour sa grande amitié si rassurante, son aide précieuse et ses conseils éclairés.

Un grand merci à Emmanuel Transon qui a su m'aider, en m'offrant le talent de son œil d'exception, venu guider ma direction artistique et organiser vingt-deux ans de travail avec le recul et la distance nécessaires, montrant au bon moment un humanisme rare et profond.

À Frédéric et Nathalie Fougea pour leur amitié. Ils m'ont poussé à réaliser et ont produit mon premier film qui a fait naître chez moi une passion et de nouveaux horizons.

À mes grands amis qui ont toujours su partager les moments de joie tout en offrant une épaule solide et une aide précieuse lors des retours délicats : à super Véronique Béranger, à super Jérôme Cecil Auffret, Jean-Pierre et Sabine Filiu, Simon Pradinas et Zhu Xiaoling, Anita Bonan, Andy et Christine Friend, Jean-Marc Fiess, Dominique Gentil, Na Risong, Joris Ivens et Marceline Loridan, Grand Dragon, Serge Dumont, Géraldine Rodier, Tao Ran, Philippe Bonan, Yan Méot, Laurence Guillain, Liu Jiaxiang, Beni Ortiz, Laurence Derimey, Corinne Thorillon, Laurent Despont, Chen Haiwen, Claire et Bruno Fulda, Ju Yi, Jeanne Estager, Jan Duclos Maïm, Basile Ader, Sonia Dona Perez, Catherine Roy, Phoenix Varbanof Song, Liu Zilong, Liu Qian, Anne-Marie Ader, Pierre Bailet, Laurent Béranger, Lilia et Barthelemy Fougea, Stéphanie Olivier, Nathalie Duclos, Anne-Marie Paquet, Chen Chenhuang, Maître Zhong, Anne Loussouarn, Quentin Descourt, Sylvie Levey, Ma Liwen, Thomas Doubliet, Lionel Perez, Michel Fessler, Yves Sieur, Philippe Lesprit, Paul Frèches.

À mes compagnons de route extraordinaires : Anne Georget, Pascal Dupont, Simon Pradinas, Florence Delva, Richard Poisson, Soizic Arsal et Willy Pierre, Tao Ran, Andy Friend, Jean-Pierre Filiu, Frédéric Laffont, Pierre Gaillard, Maurice Soutif, José Frèches, Lucien Bodard, Laurent Ballouhey, Elisabeth D., Olivier Bergeron, Pierre Pradinas, Na Risong, Liu Jiaxiang, Helena Novakova…

À mes deux mères spirituelles qui ont su avec amour encourager et faire grandir un photographe débutant, Franca Speranza et Rose Marie Wheeler-Tuohy.

Aux amis photographes, qui de rencontres en instants magiques, ont, par leur soutien, leur écoute et leurs bons conseils, ouvert ces portes qui permettent d'aller plus loin.
Yann Arthus-Bertrand, Raymond Depardon, Steve Mc Curry, Pascal Maître, Marc Riboud, Raghubir Singh, Wang Miao, Robert Van der Hilst, Hans Sylvester, Leong Katai, Stephane Lagoutte, Philippe Bourseiller, Robert Doisneau, René Buri, Li Yuxiang, Roland et Sabrina Michaud, Abbas, Peter Menzel, Josef Koudelka, Michel Setboun, Bruno Barbey, Philippe Laffont, Raphael Gaillarde, Xavier Zimbardo, François Lochon, Jean-Luc Manaud, Pierre de Vallombreuse, Olivier Föllmi, Harry Rossner, Gilles Rigoulet, Catherine Henriette, Zeng Nian, Alain Buu, Adian Bradshaw, Zhu Hongning, Alain Evrard, Yves Gellie…

Au magazine *Geo* pour avoir fait naître ma vocation, et particulièrement à Robert Fiess, Yan Méot, Jean-Luc Marty, Sylvie Rebbot, Danielle Casseau, Nicolette Lemaire, Christine Laviolette, Christianne Breustaedt, Ruth Eichhorn, Duck Il Li, Sujong Song, Mercedes Velasquez, Akiko Hirota…

Et à tous ceux qui ont fait vivre ma passion : Pascal Bessaoud, du *Figaro Magazine* avec Marie-Sylvie Demarest et Wanda Shmollgrueber ; Claudine Maugendre et Alain Bizot d'*Actuel*, Odile Domalin, Emmanuel Transon et Yan Méot de *Grands Reportages*, Brigitte Huard de *Ça m'intéresse*, Didier Rapaud, Roger Théron et Marc Brincourt de *Paris Match*, Michel Philippot du *Monde 2*, Natacha Chassagne et Frédérique d'Anglejean de *VSD*, Kent Kobersteen du *National Geographic*, Cathy Ryan du *New York Times*, Michael Rand et Suzanne Hodgaert du *London Sunday Times*, Benni Ortiz et Chema Conessa d'*El Mundo*, Volker Lensch, Harald Menk et Frank Mueller-May de *Stern*, Eva Ohms de *Merian*, Jean Jaques Naudet et Eric Colmet Daâge de *Photo*…

Au bel accueil des agences qui ont fait circuler mes images : À Michel Buntz d'Explorer à Pêcheur d'Images, à ma grande amie Véronique Béranger d'Explorer, à Getty, Regina Anzenberger, Dominique Charlet de Getty, Olivier Binst de Planet, Freddy Wulff de Lobo Press, Heidi Johansson de l'INA, et surtout à Marc Grosset, qui m'a le premier encouragé, et Sylvie Languin du temps de La Compagnie des Reporters.

À Patricia Tartour et à Fabienne Leriche de la Maison de la Chine qui, d'une tendre amitié et dès le début, m'ont toujours aidé et encouragé. Merci également à toute leur équipe.

À Madame Valérie Terranova, chargée de mission auprès du président de la République, ainsi qu'au comité des années croisées France-Chine : Alain Lombard, Sonia Zillhardt, Daniel Blaise, Bruno Delaye et M. Pu Tong.

Au Dr. William de Carvalho sans qui ce livre n'aurait peut-être jamais été.

Aux diplomates français en Chine à qui je dois beaucoup : Paul Jean-Ortiz, Claude Hudelot, Jean-Claude Thivol, Nicolas Chapuis, Daniel Blaise, Philippe Doillon, Bruno Gensburger…

À M. Tian Qingmin qui a su, par sa gentillesse et ses gestes de compréhension, me réconcilier avec la Chine ; à Mme Li Beifen, M. Shi Guanggen, M. Jin Chunlei du département de l'Information du ministère des Affaires étrangères chinois qui m'ont tant aidé à vivre en harmonie avec ma passion.

À Hervé de la Martinière qui a encore montré qu'il sait mieux que quiconque redonner espoir aux photographes en ouvrant de nouveaux horizons.

À Benoit Nacci, des éditions de La Martinière, « un grand cœur avec un œil d'exception », pour son écoute si humaine, ses avis éclairés qui en font le grand maître des livres d'image ; et pour tant d'autres qualités encore.

À toute l'équipe du livre des éditions de La Martinière : Valérie Nacci-Roland, Willy Persello, Céline Moulard, Sophie Giraud, Sylvia Leuthenmayr, Marianne Lassandro…

À Jean-François Leroy et Cédric Kervich du Festival international de photo-reportage « Visa pour l'image » de Perpignan.

À Jean-Pierre Hamadache, Michel Hellert, Gaël Gouinguéné et toute l'équipe de Leica France,.

À Fujifilm, et particulièrement à Bruno Baudry, pour leur soutien..

À l'Association des photographes chinois, et plus particulièrement à Lu Houming, Yu jian, Liu Bang, Ren Shugao, Sun Yanchong…

À François Mitterrand, qui en m'ouvrant les portes de la présidence de la République en 1984, a contribué à lancer ma carrière.

À tous ceux qui, un jour, m'ont aidé pour que la route soit bonne, le souvenir de leurs bienfaits reste gravé dans mon cœur.

La calligraphie de la p. 6 à été réalisée par Laurent Long.

La carte de la Chine a été réalisée par Alain Cazalis et Izumi Mattéi-Cazalis.

Écriture visuelle : Benoit Nacci
Connectez-vous sur : **www.editionsdelamartiniere.fr**

Achevé d'imprimer en février 2008
sur les presses de l'imprimerie Mondadori à Vérone
Photogravure : Quadrilaser à Ormes
Dépôt légal : mars 2008
ISBN : 978-2-7324-3729-3
Imprimé en Italie